성경해석학

허버트 T. 마이어 지음
엄 현 섭 옮김

도서출판 컨콜디아사

Interpreting the Holy Scriptures

by Herbert T. Mayer
trans. by Hyun Sub Um

CONCORDIA PRESS
Seoul, Korea

CONTENTS

서언

성경을 합당하게 연구하고 사용하도록 하는 원리들은—본서가 지적하듯이—교회생활을 하는 데 있어서나 성경의 메시지를 세상에 전하는 데 있어 매우 중요하다. 어느 시대에서나 교회의 개혁은 하나님의 말씀인 성경이 말하는 교회의 기반과 규범을 심각하게 재조사하지 않고는 이루어질 수 없다. 이와 같은 연구는 해석학의 건전한 원리들을 정직하고 또한 기도하는 마음으로 관찰할 때 이루어진다. 해석학이란 성경을 해석하는 학문이고, 성경을 번역하고 특별히 설명하는 학문이다.

오늘 이 해석학이 개발하고 형성한 성경의 진리와 원리들은 신학적 질문의 변화에 의해서 형성되고 있고 사용되게 되었다. 성경 본문과 전통적인 교리—성경 말씀에 기반을 둘 수 있는 것이든, 둘 수 없는 것이든—에 있어서 그 문제에 대한 진실성 여부는 성경 말씀의 연구에 의해서만이 판별될 수 있다. 그리고 이러한 연구는 성경의 본질과 하나님께서 본래 의도하신 의미로 인도하는 실제적인 방법에 의해서 진행되어야 한다.

현재 성경 해석의 원리에 대한 관심은 서로 다른 종류들 간의 논쟁으로 인해 크게 "자극"되었다. 더욱더 중요한 일은 성경을 개인적으로 사용하고 가르치는 일에 건전한 원리들을 적용할 필요가 있다는 것이다. 우리 모두는 다른 사람들이 성경 본문을 어떻게 잘못 사용하고 있으며 하나님의 말씀의 권위를 드러내기 위해서 거짓되고 조심 없는 교육을 용납하고 있는지 알고 있다(우리들이 우리 눈 속에 있는 들보를 보지 못하고 있는지도 모르지만…).

특별히 교회의 교사들(어린이, 청년, 장년의 평신도 교사)은 진리의 말씀을 올바르게 분별하고 해석할 수 있어야 하고 성경 교훈에 대하여 부주의하고 잘못 파악하고 편견을 가지고 정확치 않고 거짓되며 감상주의적인 태도에 반대할 수 있어야만 한다. 성경을 바르게 해석하고 사용하기 위해 관심을 기울이는 것은 곧 하나님의 진리에 대해 관심을 기울이는 것이다. 이러한 관심을 기울이지 않고는 누구도 성경 본문을 인용하든지 언급하는 데 있어서 하나님을 진실되게 섬길 수 없다.

이러한 이유로 해서 교구 교육재단의 지도자 훈련위원회는 세인트루이스 컨콜디아 신학대학원의 허버트 T. 마이어 교수가 교회학교 교사와 다른 이들을 위하여 지도자 훈련 프로그램에 동참하게 됨을 하나님께 감사를 드리는 바이다. 본서는 이 중요한 주제에 대한 간단하고도 전문적이 아닌 과정을 제공하는 첫 번째 시도일 것이다. 하나의 개론적인 안내가 본 교구나 타 교구 기관에서 공식적인 지도자 훈련 과정에 보탬이 되기를 바란다.

본서를 개인적으로, 혹은 그룹으로 연구하기를 추천함은 주님의 교회를 통해서 우리 주님의 나라가 더 확장되기를 바라는 뜻에서이다.

알랜 하르트 야스만(Allan Hart Jahsmann)

루터교-미조리 의회

주일학교 총무

01장

성경이라 불리는 책

개론

본서는 성경을 연구하고 해석하는 방법들을 취급한다. 크리스천들은 성경의 교훈을 매우 강조하기 때문에, 그들은 자신들이 성경을 합당하게 이해하고 있다는 확신을 필요로 하기 때문이다. 본서의 목적은 성경을 가르치는 교사와 학생들이 보다 훌륭한 해석자가 되도록 돕는 데 있다.

몇 가지 개념의 정의

성경을 해석하는 학문을 "해석학"(hermeneutics)이라 부른다. 이 낱말은 헬라어의 낱말 *hermeneuein*에서 유래했으며 뜻은 “번역하다,” “설명하다,” “해석하다”이다. 성경의 의미를 설명하는데 해석학적 원리를 사용하는 것을 주석(exegesis)이라 부른다. 이 낱말은 헬라어 낱말에서 유래한 것으로 “안내하다,” “이끌다”라는 뜻이다. 즉 하나님의 영이 성경에 담겨진 뜻을 캐내는 일이다.

신학교에서 해석학 과정은 “성경 해석의 원리”라고 종종 부른다. 그래서 본서에서는 특별히 구절을 해석하기보다는 원리들을 강조하려고 한다. 즉 주석보다는 해석학의 문제를 더 다루려 한다. 그렇지만 본서는 그러한 원리들이 어떻게 적용되고 있는지도 보여줄 것이다. 그러므로 본서를 통해서 우리는 여기저기 흩어져 있는 많은 주석의 예를 보게 될 것이다.

주의할 점

본 과정을 시작할 때부터 가장 주의할 점이 있다. 학생들은 본 과정을 마치게 되면 성경의 모든 구절들이나 페리코피(pericope, 발췌된 몇몇 구절)에 대한 의문들이 해결되리라고 기대해서는 안 된다. 아무리 좋은 방법으로 연구된 해석학의 안내 지침도 어떠한 본문 또는 성경의 모든 본문을 불을 보듯이 빤하고 신속하게 설명할 수 있다고는 보지 않는다. 심지어 같은 기본원리를 사용하는 주석가들이라도 어떤 구절의 뜻에 대하여 의견이 일치하지 않을 수가 있다. 제2장에서는 과거의 주석가들이 얼마나 서로 상이했던가를 예를 들어서 보여주려고 한다.

그러나 건전한 원리들에 대해 익숙하게 되면 다음과 같은 기독교인은 매우 도움을 받게 된다는 사실이 증명될 것이다. 즉 하나님이 인도해 주시기를 간절히 기도하면서 주어진 구절을 통해서 하나님께서 그에게 하시는 말씀이 무엇인지 이해하려고 애쓰는 사람들에게 큰 도움이 된다. 해석학은 물리학이나 화학처럼 정확한 과학이라기보다 하나의 예술에 가깝다. 훌륭한 예술가처럼 좋은 주석가가 되려면 그의 주제에 대한 감각력과 지각을 발달시켜야만 한다. 이러한 감각력은 성경을 배우는 학생이 성경에 몰두하며 성경과 개인적으로 친숙하게 될 때에야 생기게 된다.

무엇보다도 좋은 주석은 성령의 인도와 깨닫게 하심에 의존한다. 예수께서 죽기 전에 하나님의 영을 그의 제자들에게 주기로 약속하셨다. 그리하여 성령이 모든 것을 제자들에게 가르칠 수 있었고 예수께서 제자들에게 하신 말씀 모든 것을 기억나게 할 수 있었다(요 14:26). 왜냐하면 성경은 영감받은 진리의 책이기 때문이다. 성경은 성령의 가르침을 받은 사람들에 의해서만 올바르게 이해될 수 있다(고전 2:9-16). 이 점이 바로 성경 해석의 대원리이다.

추가하여 언급할 말은 좋은 해석학적 체계가 중요하다는 것이다. 이유는 이 체계가 독자로 하여금 성경의 주어진 부분을 통하여 그에게 하나님께서 하시고 있는 말씀을 좀더 정확하고 충분히 깨닫게 하기 때문이다. 하나님께서는 은혜스럽게도 기록된 형태를 통해서 자신의 자녀들과 의사를 전달하시기로 선택하셨기 때문에 자녀들은 자신들에게 주어진 하나님의 말씀을 올바로 이해하는 데 자연히 흥미를 갖는 것이다.

하나님의 말씀의 본성

인간이 창조주에 대하여 끊임없이 반항하고 있다는 면에서 볼 때, 하나님께서 어떠한 형태로든 인간들에게 말씀하신다는 점은 놀라운 은혜이다. 그러나 하나님은 여러 가지 방법으로 자신의 피조물에게 말씀하셨고, 계속해서 말씀하고 계시다.

하나님이 인간에게 기록하여 주신 하나님의 말씀인 성경을 연구하기 전에, 하나님께서는 여러 가지 방법으로 말씀하고 계심을 분명히 이해함이 누구에게나 좋을 것이다. 이러한 지식이 독자들로 하여금 성경을 이해하고 해석하는데 도움이 될 수 있다. 하나님의 말씀의 본성과 성경을 충분하게 이해하는 것이 성경을 건전하게 연구하는데 있어서의 기본적 요소임을 역사와 경험이 말해주고 있다.

"하나님의 말씀"의 뜻

"성경은 하나님의 말씀이다"라고 함은 신학적인 많은 내용을 담은 표현이다. 이 표현이 뜻하는 바를 모두 이해하기 위하여 "하나님의 말씀"이란 개념을 먼저 이해할 필요가 있다. 많은 사람들에게 있어서 이 개념은 연구하거나 설명할 필요가 없는 듯이 보인다. "말씀은 그저 말씀이지 무엇이냐"고 하는 유혹을 받기 쉽다.

그러나 성경에서 "말씀"이란 개념을 연구하여 보면 말씀에는 여러 가지 다른 기본적인 뜻이 있음을 곧 알게 된다. 그러므로 "하나님의 말씀"(구약성서에서는 דָּבָר[다바르]이고 신약성서에서는 λογός[로고스])은 종종 힘 혹은 행위라는 뜻이 있다.

그러므로 이것은 하나님께서 자신의 목적을 수행하시는 능력을 의미할 수 있다. 구약성경에 있어서 "하나님의 말씀"은 하나님께서 세상을 창조하시고 아직도 보존하시고 계시다는 성경 구절에서 볼 때 분명히 능력 혹은 목적을 의미한다(창 1장; 시 33:4-6, 시 147:15-19를 보라).

신명기 8장 3절은 "하나님의 말씀"의 뜻을 이해하는데 매우 중요한 구절이다. 그 구절은 "사람이 떡으로만 사는 것이 아니요 여호와의 입에서 나오는 모든 말씀(דָּבָר)으로 사는 줄을 너로 알게 하려 하심이니라"이다. 우리 주님이 사탄에 의해 시험받으실 때 본 구절을 인용하셨다(마 4:4). 여기서 "하나님의 말씀"의 의미는 하나님께서 심지어 음식 없이도 하나님의 자녀를 지탱하실 수 있다는 하나님의 의지와 능력을 뜻한다. 이사야 55장 7-13절에서 하나님은 "말씀"을 자신이 기뻐하는 것을 이루게 하는 그분 자신으로부터 나오는 힘으로 표현하셨다.

하나님의 능력으로서 하나님의 말씀을 이해하는 경향은 신약성경 안에도 여러 구절이 있다. 사도행전 6장 7절에 직접적인 표현이 있다. "하나님의 말씀이 점점 왕성하여 예루살렘에 있는 제자의 수가 더 심히 많아지고"(행 12:24, 19:20, 20:32; 눅 1:37; 요 5:24, 6:63; 딤전 4:5; 히 11:3; 벧전 1:23-25을 보라). 베드로전서에 대한 주석에서 루터는 "그 말씀은 하나님의 능력이다. 그렇다. 말씀은 하나님 자신이다"라고 했다.

잘 알려진 요한복음 1장 1-14절에서 "말씀"은 하나님이 성육신한 예수 그리스도를 분명히 의미한다. "태초에 말씀이 계시니라. 이 말씀이 하나님과 함께 계셨으니 이 말씀은 곧 하나님이시니라… 말씀이 육신이 되어 우리 가운데 거하시매 우리가 그 영광을 보니 아버지의 독생자의 영광이요"(계 19:13; 요 4:31-36도 보라). 히브리서 1장 1-2절에서 예수는 하나님의 가장 위대하고 최종적인 말씀으로 묘사되어 있다. "옛적에 선지자들로 여러 부분과 여러 모양으로 우리 조상들에게 말씀하신 하나님이 이 모든 날 마지막에 아들로 우리에게 말씀하셨으니 이 아들을 만유의 후사로 세우시고 또 저로 말미암아 모든 세계를 지으셨느니라." 알랜 하르트 야스만(Allan Hart Jahsmann)은 "본 용어의 전체적인 의미로 볼 때, 예수 그리스도가 말씀이다. 즉 하나님의 계시다"라고 올바르게 결론지었다(*How You Too Can Teach* [St. Louis: Concordia, 1963] p.25).

성경의 다른 곳에서 "말씀"은 하나님의 영으로 인하여 말하게 되고 씌어지게 되었음을 나타낸다(대하 34:21; 렘 25:13, 30:1-3). 하나님은 이르시되 "너는 두루마리 책을 취하여 내가 네게 말하던 날 요시야의 날부터 오늘까지 이스라엘과 유다와 열방에 대하여 나의 네게 이른 모든 말을 그것에 기록하라"(렘 36:2)고 말씀하신다. 모세는 하나님께서 기록된 형태로 그에게 준 말씀들을 이스라엘 백성이 지킬 것을 권했다(신 11:8; 또한 신 4:2, 17:19도 보라). 일반적으로 "하나님의 말씀"이란 개념은 성경 전체의 내용 율법과 복음을 뜻한다. 선포의 이 말씀(율법과 복음 모두)은 넓은 의미로 율법이라고도 불리고 어떤 때는 복음이라고도 불린다.

신약성경에서 베드로는 구약성경 전체를 "우리에게 더 확실한 예언이 있어"(벧후 1:19)라고 표현했다. 신약성경에 있는 다른 구절에서는 "말씀"을 예수 그리스도의 삶, 죽음, 부활, 구속사업을 줄여서 상징적으로 나타낸다(행 8:4-5). 즉 오늘 보통 복음이라고 불리는 것으로 예수 그리스도 안에서 하나님의 구원의 메시지(즉 복음)를 뜻한다(엡 1:13; 빌 2:16; 골 1:3-7). 말씀을 하나님과 인간 사이에 평화를 회복하는 힘을 가진 것으로 나타내는 구절에 주목할 필요가 있다(고후 5:16-21). 또 그것은 교회를 깨끗이 하는 힘(엡 5:25-27)이기도 하다. 다시 말하면 말씀은 생명과 구원을 위한 하나님의 "능력"이다(행 20:32; 롬 1:16).

계시로서의 하나님의 말씀

계시의 의미를 이해함이 "하나님의 말씀"이란 개념을 전체적으로 파악하는 데 중요하다. 성경에서 계시라함은 하나님께서 어떠한 방법으로도 선포하시지 않는다면 그 내용이 감추어지고 알려지지 않은 채로 남아 있을 수밖에 없는 내용을 알게 하신다는 뜻이다. 이렇게 정의함으로써 계시는 다음과 같은 것들을 모두 포함하게 된다. 예언자들에게 주어진 꿈과 환상, 예수의 탄생과 생애, 하나님께서 이스라엘 역사와 그 주변 국가의 역사 속에 행하신 행위들의 긴 목록들이다. 이렇게 이해함으로써 성경은 계시 자체인 동시에 하나님의 계시를 담고 있는 보고서이기도 하다.

성경은 다섯 가지 사건에 대해 상당한 부분을 할애하여 기록하고 있는데 하나님께서는 그러한 사건들을 통해서 자신의 백성을 도우셨고 자신에 대한 많은 진리를 그들에게 가르치셨다. 하나님의 그 능력 있는 행위들은 다음과 같다. (1) 세상을 창조하시고 보존하심 (2) 애굽으로부터 이스라엘 백성을 구출해내시고 시내산에서 율법을 주심 (3) 이스라엘 백성이 바벨론에 포로로 잡혀갔다 귀환함 (4) 예수 그리스도의 성육신, 생애, 죽음, 부활 (5) 오순절에 성령을 부어주셔서 새 이스라엘 즉 기독교 교회를 창조하시고 그 후 계속 성장케 한 일들이다.

하나님이 행동하셨을 때, 또는 성경이 표현하는 대로라면 하나님께서 행위가 나타나도록 말씀을 하셨거나 말씀을 보냈을 때, 그분은 사람들로 하여금 자신의 행동의 의미를 백성들에게 설명케 하실 때가 종종 있었다. 더욱이 하나님께서는 예언자들과 사도들에게 영감을 주어 자신의 위대한 행위를 설명하여 쓰게 하셨고 그 뜻을 해석케 하셨다. 그러므로 성경의 대부분은 하나님의 전능한 행위를 통하여 하나님 자신을 계시한 기록과 증언이다. 하나님의 백성이 후기에 어떻게 이러한 위대한 행위에 대해 생각했는지, 그들의 시대를 위해서 안내를 받고 신앙을 얻고, 용기를 얻었는지에 대하여 성경의 많은 장들에 기록되어 있다(시 135, 136편이 그 예이다).

하나님의 영이 그러한 전능의 행위에 대한 기사와 설명을 보존하시어 후대의 하나님 백성이 하나님의 본성과 뜻과 사람을 다루는 하나님의 방법을 분명하고 극적으로 재현할 수 있게 하셨다. 그러므로 이러한 사실로 말미암아 후세대 사람은 과거에 있었던 하나님의 백성을 위한 하나님의 행위에 대하여 듣고 배울 수 있게 되었다. 그래서 기록된 이 말씀을 통하여 하나님의 영은 모든 세대에 사는 하나님의 백성으로 하여금 신앙과 복종의 응답을 불러일으키신다. 하나님의 선포 속에서 그리고 하나님이 백성을 다루신 데서 나타난 하나님의 과거 계시가 성령에 의하여 현재의 계시로 바뀌고 있다.

하나님의 말씀과 성경

"하나님의 말씀"이란 개념에 대한 우리의 간단한 연구에서 성경이 이 개념을 네 가지 중요한 뜻으로 사용하고 있음에 주목하였다. 즉 그것은 하나님의 능력이나 힘을 뜻할 수도 있고, 예수 그리스도를 뜻할 수도 있고, 예수 그리스도의 구속사업의 이야기를 의미할 수도 있고, 성경 자체를 의미할 수도 있다. 이 모든 의미 속에서 하나님은 사람들이 죄의 용서와 복, 구원 즉 생명의 말씀으로 자신과 사귀기를 원하신다.

그러므로 하나님께서 성경을 주신 주요 목적을 간단하게 말할 수 있다. 성경을 통하여 하나님은 백성들에게 말씀하시고, 자신에 대하여 그리고 예수 그리스도 안에서 그들을 위하여 하나님이 행하신 일에 대하여 이야기하심으로써 성령이 독자, 청중, 공부하는 자 속에 구원하는 신앙을 창조하실 수 있다. "네가 어려서부터 성경을 알았나니 성경은 능히 너로 하여금 그리스도 예수 안에 있는 믿음으로 말미암아 구원에 이르는 지혜가 있게 하느니라"(딤후 3:15). 성경의 말씀은 이러한 위대하고 신기한 능력을 갖고 있다. 이유는 하나님의 영이 그 말씀을 통하여 역사하시기 때문이다.

물론 하나님께서 사람들을 부르실 때, 그 부르심에 응답하지 않을 수도 있음은 사실이다. 그러나 성경은 하나님의 말씀, 하나님의 행위이기 때문에 그들이 결단을 기피할 수는 없다. 그러므로 하나님의 말씀을 연구하는 성경 연구자는 하나님께서 살아 있고 능력 있는 어떤 것으로 활동하고 계심을 기억해야만 한다. "하나님의 말씀은 살았고 운동력이 있어 좌우에 날선 어떤 검보다도 예리하여 혼과 영과 및 관절과 골수를 찔러 쪼개기까지 하며 또 마음의 생각과 뜻을 감찰하나니"(히 4:12). 성경연구는 진정 "생과 사"의 문제임을 본 구절이 지적하고 있다. 더욱이 신앙 있는 기독교인은 깊은 존경심을 가지고 성경을 취급하며 성경의 교훈에 자신을 승복시킨다. 누구나 성경의 판단자가 되지 않고서도 성경이 자기 생애와 사상에 있어서 권위 있음을 기쁘게 고백한다.

동시에 성경을 연구하는 사람은 거룩한 역사가 기록된 책을 연구한다는 점을 잊어서는 안 된다. 바로 그 역사는 옛날에 하나님께서 자기의 백성을 위하여 심판과 구출하시는 전능의 행위를 기록한 내용이다. 이 역사는 신앙을 통하여 성경 연구하는 사람에게 자신의 역사도 된다. 왜냐하면 그는 특별히 예수 그리스도를 통하여 하나님께서 자신의 백성을 다루시는데 그 자신도 포함되어 있음을 발견하게 되기 때문이다.

성경의 영감

그리스도가 세상에 오신 후 16세기 동안 기독교인은 성경의 영감에 대하여 거의 질문을 하지 않았다. "모든 성경은 하나님의 감동으로 되었다"고 바울은 가르쳤다(바울에게 있어서는 그의 시대에 신약성경이 존재하지 않았기 때문에 모든 성경은 구약성경을 의미하였다). 성경은 영감으로 되었기 때문에 그는 성경에 대해 "교훈과 책망과 바르게 함과 의로 교육하기에 유익하니 이는 하나님의 사람으로 온전케 하며 모든 선한 일을 행하기에 온전케 하려 함이니라"(딤후 3:16-17)고 가르쳤다. 사도 바울은 영감으로 된 사실에 있어서 성경의 가치와 능력에 대하여 매우 실제적인 관찰에 기반을 둔 점에 주목하여야 한다.

신약성경과 초대 교회의 다른 기록자들은 영감에 대하여 거의 언급하지 않는다. 그들은 오히려 성경이 믿을 가치가 있고 권위가 있다는데 더 많은 관심을 가졌다. 성경이 영감으로 되었다는 점을 강조하는 대신 성경의 다른 특성들을 강조하였다. 사도나 사도들의 제자에 의해서 씌어진 책들만이 기독교적 문서들 가운데 특별한 존경을 받을만한 위치를 가질 수 있다는 것이 그들의 주장의 일반적인 추세였다. 혹은 아주 초기부터 기독교 회중의 대부분이 사용했던 책들에 대하여 특별한 우위성을 두었다. 어느 책이 교회에 하나님의 영의 선물로서 주어졌다면, 그 책은 예수 그리스도에 대하여 분명하고도 직접적으로 언급해야만 한다고 많은 사람이 주장했다. 주후 200년에 와서 오늘의 정경 중에 있고 영감으로 되었다는 책 중의 대부분이 기독교 교회의 생활에서 유일하게 중요한 위치를 갖게 되었다.

유럽에 있어서 계몽시기(주후 1700년)까지 66권 정경에 대한 영감과 권위의 문제는 거의 야기되지 않았다. 기독교인들은 모순의 두려움 없이 성경의 영감성을 확증하였다. 그러나 과거 4세기 동안 성경의 영감성 문제가 교회에 있어서 토론과 논쟁의 초점이 되었다.

예를 들면 영감의 교리는 몇몇 계몽주의자들에 의하여 부정되었다. 그들은 하나님께서 자신을 제한하는 교훈이나 혹은 어떤 책에 영감을 주지 않으셨을 것이라고 주장했다. 성경은 매우 기묘하고 신기하며 구식이라고 한다. 그래서 이러한 책에 영원하신 하나님께서 영감을 주실 리 없을 것이라고 다른 측에서는 주장했다. 아직도 성경 안에 확실한 모순과 잘못이 있음을 지적하는 사람들이 있고 그것을 기반으로 하여 성경의 영감성을 부인한다. 예로 사무엘하 10장 18절과 역대상 19장 18절은 같은 전쟁터에서 죽은 병사들에 대하여 상이하게 나타내고 있고 복음서 기자들은 십자가 위의 명패에 대하여 다른 말로 나타내고 있다는 등등을 지적하고 있다. 이러한 학자들 중 몇몇은 이것은 저자들인 인간이 실수한 말들 중에서 하나님의 진실된 말씀을 찾아내는 것이 성경 해석자의 일이라고 가르쳤다.

이러한 공격에 대한 대답을 위하여, 그리고 기독교 신학자 자신들의 마음에 자리잡은 질문에 대답하기 위하여 많은 교파의 기독교 신학자들이 영감의 정의에 대한 연구를 하였다. 즉 모든 성경(여기서는 신약성경도 포함하여)은 하나님의 영감으로 되었다는 사도 바울의 완강한 성명에 대하여 연구하였다. 이러한 진리는 베드로후서 1장 20-21절에 나타나 있다. "먼저 알 것은 경의 모든 예언은 사사로이 풀 것이 아니니 예언은 언제든지 사람의 뜻으로 낸 것이 아니요 오직 성령의 감동하심을 입은 사람들이 하나님께 받아 말한 것임이니라."

구약성경의 예언자들은 거듭거듭 말씀이나 꿈이나 환상이 하나님으로부터 사람에게 왔다고 주장한다(렘 1:2; 호 1:1; 욜 1:1 등). 신약성경의 예언자인 사도 요한은 계시록에서 그의 저술은 하나님의 말씀이라고 그의 다른 책에서는 찾아보기 어려운 말을 한다. "내가 이 책의 예언의 말씀을 듣는 각인에게 증거하노니 만일 누구든지 이것들 외에 더하면 하나님이 이 책에 기록된 재앙들을 그에게 더하실 터이요 만일 누구든지 이 책의 예언의 말씀에서 제하여 버리면 하나님이 이 책에 기록된 생명나무와 거룩한 성에 참여함을 제하여 버리시리라"(계 22:18-19).

그러나 성경은 그 저자들이 어떻게 하나님으로부터 그들의 말씀을 받았는지에 대하여는 아무 것도 우리에게 말하지 않는다. 어떤 예언자는 그들이 계시적인 환상을 받을 때 육신도 매여 있었다고 말한다(겔 37장). 그러나 예언자들은 일반적으로 주님의 계시 말씀이 그들에게 왔을 때의 영적이나 심리적 과정을 묘사하려고 하지 않는다(겔 38:1; 렘 3:6).

앞에서 언급된 구절들 중 대부분이 계시를 서술하고 있

다. 즉 하나님께서 인간에게 신적인 진리와 이해를 전달하는 과정을 서술하고 있다. 그 구절들에서는 성령이 한 저자를 인도하여 하나님께서 그에게 계시한 것을 기록하게 하는 과정을 영감이라고 묘사하지 않는다. 한 계시가 나타난 후 성령은 저자에게 영감을 주어서 그것을 기록한다(엡 3:1-7). 반면에 계시와 영감은 밀접한 관계가 있으나 그 둘이 같은 것은 아니다.

영감에 대한 견해들

성경은 하나님께서 영감을 주는 방법에 대하여 거의 언급하지 않고 있기 때문에 성경 연구자는 영감받았다는 사실에 만족해야만 하고 방법에 대해서 지금까지 진행되어온 긴 논쟁에 휘말리지 않아야 한다.

수세기가 지나도록 기독교 신학자들은 영감이 어떻게 작용했는지에 대해서 여러 가지 이론들을 제시했다. 영감받은 저자는 성령의 손에 쥐어진 펜 이상의 노릇밖에 못했다고 많은 사람이 믿었다. 어떤 초대 교회 사상가들은 마치 성경의 기자들을 성령께서 원하는 대로 음악을 만들어 내려고 불은 피리에 비교하였다. "축자영감설"이라고 불리는 이 의견은 성경의 권위와 확실성에 대하여 매우 경건하고 존경하는 견해를 나타낸다. 그러나 이 설은 성경의 정보를 지나쳤다. 그리고 성경에서 발견되는 사상, 형식, 사고방식, 그리고 강조점의 독특한 다양성을 설명하는데 실패하였다.

신약성경을 매우 빨리 일독한다 하더라도 네 복음서와 서간문들에 매우 주목할 만한 차이점이 나타난다. 마태복음은 누가복음과는 주목할 만큼 차이가 있고 또 글 쓰는 형식과 사상의 정돈이나 이야기의 선택 등에 있어서 마가복음과 다르다. 야고보의 편지는 베드로의 편지와 차이가 있다. 이와 같은 분명한 차이점은 성경의 영감을 정의할 때 성경 기록에 있어서 인간인 기자들이 중요한 역할을 했음을 밝히는 것이다.

몇몇 신학자들은 성경을 기록한 사람과 그에게 영감을 주는 성령의 관계에 대한 어려운 문제를 다음과 같이 해결하였다. 즉 성경의 원 저자는 성령이고 영감받은 성경 기자는 둘째 저자라고 했다. 이러한 이론은 하나님의 영의 절대적이고 기본적인 역할을 확증하였고 성경을 쓴 기자의 개성과 사상이 그가 쓴 성경 부분에 매우 분명한 영향을 주었다는 사실도 알게 되었다. 성경을 기록한 사람들은 그들이 성령의 지도를 받아서 성경을 썼음에도 불구하고 성령의 메시지를 반영했고 그것에 대하여 깊이 생각하고 "연구하고 부지런히 살폈다"(벧전 1:10-12). 이 문제에 대한 확실한 모순과 잘못에 대하여 4장에서 6장까지의 내용에서 논의하겠다.

많은 기독교인들이 영감에 대한 이 이론을 이해하고 받아들이는데 어려움을 느낀다. 그들에게는 우리가 기계적인 받아쓰기 이론 형식들이나 또 다른 것 중 하나를 받아야만 하는 것처럼 보인다. 따지자면 인간이 스스로 성경의 책들을 기록하였다고 말해야 한다는 것이다. 만약 두 번째 견해가 옳다면 성경의 신성한 성격과 신적인 권위와 신뢰성을 모두 상실케 된다고 그들은 주장한다.

성경을 기록하는데 하나님과 인간이 어떻게 협력하였는가라는 문제는 어떻게 하나님과 인간이 하나님이며 인간인 예수 그리스도 안에 하나가 되었는지에 대한 질문보다 설명하기가 더 어렵다. 그러나 사실은 이러한 결합이 두 경우 모두에 있어서 나타난 것이다. 성경은 성경의 신적인 유래와 본성을 모든 신자들에게 쉽게 설명하고 있다. 그러나 성경은 역시 인간적인 유래와 본성을 분명히 가지고 있다. 성경에 대한 이 인간적인 면을 이해함이 절대적으로 필요하므로 앞으로 본인은 이 문제를 다루려고 한다.

성경은 영감의 "방법"에 대하여 실지에 있어서 아무것도 언급하지 않기 때문에 사도 바울이 영감에 대하여 생각한 것처럼 생각하는 것이 가장 좋을 것이다. 사도 바울은 성경의 목적을 진술할 때 영감과 관련지어 말했다. 즉, 성경은 그가 예수 그리스도로 말미암아 구원받도록 가르치기 위한 것이었다(딤후 3:14-17). 성경의 영감은 바울이 언급한 대로 하나님이 위대한 목적을 성취하기 위하여 자신의 말씀을 기록되어진 형태로 우리에게 주시는 하나님의 방법이다. 영감받은 말씀은 예수 그리스도에 대한 믿음을 창조하는 수단으로, 하나님의 영을 돕고 믿는 기독교인에게는 신앙과 삶을 위한 빛으로 봉사하는 것이다. 기록되어진 하나님의 말씀은－모든 다른 형태에서의 하나님의 말씀과 동등하게－신뢰할 수 있고 무오하고 완전히 의지할 수 있는 것이다.

어떻게 성경이 우리에게 왔는가

영감받은 저자가 기록하고, 또 영감받은 저자에게서 받아쓴 원래 성경의 책들과 편지는 없어졌다. 가장 초기의 필사본이 발견된 것은 주전 200년부터 주후 250년까지 그 폭이 길다. 그러나 현재는 성경학자들이 볼 수 있는 성경의 크고 작은 부분에 대한 수천 개의 사본이 있다. 어떤 사본도 서로 완전히 일치하는 것이 없음은 사실이나, 괄목할 만큼 많은 부분이 일치한다. 성경의 본문과 각주를 연구하여 보면 필사본의 원고에 차이가 있음을 성경 연구자는 발견하게 될 것이다.[1)]

성경 연구자는 본문에 상이함이 있음을 기억해야 한다. 특별한 차이는 발견된 수백 필사본에서 극히 작은 데 불과하다. 더욱이 이러한 차이가 성경의 주요 교훈이나 이야기 설명에 영향을 미치지 않는다는 점이다. 또한 본문비평(본래 본문을 결정짓는 방법)은 매우 엄격한 것이다. 대부분의 경우에 원본이 어떻게 되어 있었는가 하는 데 대해 학자들은 일치된 견해를 갖게 된다.

그러므로 중요한 사본, 즉 쿰란 두루마리 같은 것이 발견되어 학자들이 본문 문제에 대하여 연구하고 논쟁을 하고 있을 때라도 일반 성경 연구자는 흠정역 성경이나 개역표준성경(RSV)을 신뢰하고 사용할 수 있다. 예로 미국의 개역표준성경은 흠정역 성경보다 많은 사본을 기초로 하여 만들었기 때문에 더 정확하다. 그러나 성경 연구자가 어느 번역성경을

---

1) 한글 개역성경 아래 난외에 본문에서의 차이를 표시하고 있다. 예로 개역성경 마가복음 9장을 보라.

사용하더라도 모든 번역성경은 원래 성경의 의미에서 조금의 차이는 있음을 기억해야 한다. 새 번역성경(NEB)은 전체적으로 보았을 때 신뢰할 수 있지만 어떠한 사람이라도 완전하지 못하므로 어느 번역성경이라도 완전하고 영원하지 못하다. 그러므로 여러 가지 번역성경을 사용하는 것이 도움이 된다.

이러한 관점에서 다른 연구를 해야 한다. 하나님께서는 거룩한 사람으로 하여금 하나님의 말씀을 기록케 하신 후에 성경을 버려두시지 않으셨다. 하나님의 영이 그의 말씀을 계속 지키시고 보존하시고 계심을 우리는 확신할 수 있다. 인간이 성경을 번역하려고 성령께 인도를 간구하면 성령께서는 현존하시고 활동하신다. 각각의 번역된 성경은 그 장점과 약점이 있지만 기독교 교회의 대부분이 사용하고 있고 간직한 번역성경을 성경 연구자가 신뢰하고 사용해도 된다.

요 약

본 장은 하나님의 말씀의 본성에 대하여 주로 관심을 가지고 다루었다. "하나님의 말씀"이란 개념의 기본적인 뜻을 분석하였다. 이미 언급한 바대로, 첫째로 "하나님의 말씀"은 하나님의 능력 혹은 행위를 뜻하고, 둘째로는 본 장에서 마지막으로 분석한 결과로서의 "하나님의 말씀"은 언제나 예수 그리스도 즉 하나님 자신이다. 셋째로 "하나님의 말씀"은 성경의 쓰여진 말씀 혹은 책으로서의 성경을 뜻한다. 왜냐하면 그 책들은 그 말씀을 운반하는 도구이기 때문이다. 넷째로 "하나님의 말씀"은 예수 그리스도의 복음, 하나님의 진리의 말씀, 구원의 메시지 그리고 영감받은 진리 혹은 삶의 교리 등을 뜻한다.

하나님의 말씀을 통하여 하나님께서는 인간에게 오시어 죄에 대한 하나님의 심판을 보여주시고 역시 하나님의 은혜와 사랑을 보여주신다. 하나님께서는 말씀으로 오시어 예수 그리스도를 믿도록 신앙을 창조하신다. 그러므로 성경은 독특한 능력과 목적을 가진 책이다.

계시는 하나님께서 하나의 행위나 말씀 또는 둘 다를 통하여 하나님 자신의 사람들에게 말하는 하나님의 행위라고 설명하였다. 영감은 하나님의 영이 성경의 각 책들의 저자를 감동케 하고 지도하시는 신비로운 과정으로 설명하였다. 그러나 영감을 받아 쓴 성경을 옳게 이해하는 것은 성경의 기자인 인간의 개성과 심성을 무시하지 않는다는 것을 알게 된다.

복습문제

1. 해석학의 정의를 말하라.

2. 성경에서 "하나님의 말씀"이라고 표현한 중요한 의미를 말하라.

3. "성경은 하나님의 말씀이다. 그러나 하나님의 말씀은 성경 이상이다"라는 내용을 설명하라.

4. 어떻게 우리는 영감과 계시를 구별할 수 있는가?
시내산에서 주어진 율법은 계시인가, 영감인가?
예수 그리스도의 탄생은 영감인가, 계시인가?

5. "영감"이란 말을 성경과 관련지어 언급할 때 영감의 정의를 당신은 어떻게 내리겠는가?
왜 어떤 사람들은 영감을 부정하는가?

6. 왜 축자영감설은 성경적이 아닌가?

7. 하나님의 말씀이 모든 형태를 통하여 주어진 기본 목적은 무엇인가?

02장

성경 연구의 역사

기독교 신학자들은 성경 해석에 그들의 가장 훌륭한 재능을 바쳐왔다. 이 연구를 통해서 학자들은 해석학적 원리들의 매우 다양한 면을 보여 주었다. 성경 연구의 역사를 고찰함으로써 성경 연구자들은 많은 가치가 있는 정보를 얻게 될 것이다. 이와 같은 역사는 성경 연구자들로 하여금 어떻게 여러 종류의 성경해석 방법이 발전되어 왔으며 그리고 어떤 방법이 다른 방법들보다 쉽게 악용되었는지 알게 할 것이다.

신약성경 자체 내에서의 해석

성경 연구를 문서로 남겨 놓은 최초의 기독교 성경 연구자는 신약성경의 영감받은 저자들이다. 그들은 구약성경을 해석하는 특별한 해석학적 원리—여러 저자들이 같은 방법을 사용할 필요가 없었음에도 불구하고—를 사용하였다.

구약성경을 해석하는 마태의 방법을 보면 그는 그의 시대에 있어서 가히 혁명적인 해석학적 원리를 사용하였다. 성령의 인도를 받아서 마태는 다음과 같이 주장했다. 즉 구약성경의 역사, 시, 물론 예언까지도 나사렛 예수를 새 이스라엘의 창조자로서, 하나님의 완전한 이스라엘인이며 기독교 교회인 하나님의 새 백성이라고 지적하고 있다고. "이루려 하심이니라"라는 구절(또는 이와 유사한 표현)이 마태의 복음에 12번이나 있다(예를 들면 2:15, 21:4, 27:9).

구약성경은 하나님께서 인류를 위해 행하시고자 원하는 모든 것과, 하나님께서 이스라엘 백성을 위해 행하신 모든 것이 예수 그리스도 안에서 성취되었다고 믿는 사람들에 의해 올바로 이해될 수 있다고 마태는 믿었다. 구약성경을 같은 방법으로 해석하기 위하여, 나사렛 예수가 십자가를 지셨다는 사실을 생각하면서 마태가 용감하게 이 원리를 사용하였다는 것을 주목해 볼 만하다.

히브리서의 주장은 구약성경이 예수 그리스도의 빛에서만 설명될 수 있다는 마태의 확신과 동일하다. 그러나 성령께서 히브리서 저자를 인도하시사 그의 독자들에게 이 요점을 증명하는 데 상이한 해석학적 원리를 사용케 하셨다. 히브리서는 이스라엘 백성 중에서 행해지는 종교적인 일들과 경험을 조심스럽게 선택하였음을 볼 수 있다. 히브리서에 의하면 불완전하고 미완성된 종교적인 행사와 경험은 예수 그리스도의 완전하심을 가리키기 위하여 만들어진 것이라고 주장한다.

그러므로 히브리서 안에 있는 천사들(1장과 2장), 대제사장(3-5장, 8장), 멜기세덱(6장과 7장), 성소(9장)와 구약성경의 희생제물(10장)은 예수의 위대함을 지적하기 위하여 사용된 것이다. 히브리서 저자가 사용한 해석 방법은 본질에 있어서 우의적(유형론적)이다. 유대인들과 알렉산드리아와 애굽에 사는 그리스인 모두는 그들의 종교적 문서를 설명하는 데 이 방법을 사용하였고, 기독교인인 저자도 그들에게서 아마도 이 방법을 빌어온 것 같다. 구약성경을 설명하기 위해서 신약성경 기자가 사용한 해석학적 원리의 다른 예를 더 부언할 수도 있다.

종교개혁 이전 시대

3, 4, 5세기는 성경 연구가 활발한 시대였다. 3세기에 있어서 찬란하고도 영향력 있는 성경 연구자는 오리겐이다. 그는 애굽의 알렉산드리아에서 성경 교수였고 후기에는 현재 팔레스타인인 가이사랴에서 성경을 교수하였다. 그는 본문을 비평하는 데 재능이 뛰어났고 팔레스타인 지리에 전문가였으며 그 시대에 있어서 뛰어난 신학자였다. 그의 신학적 견해에 있어서 몇 가지는 그가 죽은 후 이단으로 정죄를 받은 반면 그의 해석학적 체계는 교회에 영향을 주어 종교개혁 시대까지 계속되었다.

오리겐은 알렉산드리아에서 그리스인, 유대인 기독교 학자들이 사용하던 우의적인 방법을 채택하였다. 근본에 있어서 이 방법은 한 문단에 적어도 두 가지 이상의 진리나 교훈이 있다고 가정하는 것이다. 오리겐은 각각의 문단마다 세 가지 뜻이 있다고 즐겨 주장하여 왔는데 그는 바울의 데살로니가전서에서 "영과 혼과 몸"(살전 5:23)의 구절을 인용하여서 그의 세 가지 동일한 방법이 성경에 있음을 증명하였다.

구약성경은 그것의 확실한 유대교적 의미에 반대되는 감추어진 기독교의 의미를 발견하기 위하여 우의적으로 해석되어야 한다고 오리겐은 주장하였다. 그의 우의적인 방법은 현재에 있어서 난해하고 생소하며 심지어 어떤 독자에게 공격적이 되는 구약성경의 많은 구절들을 설명하는데 도움을 주었다.

오리겐이 사용한 우의적인 방법의 한 예로 요셉이 입었던 채색옷의 여러 가지 색깔을 들 수가 있다. "몸"에 해당하는 의미의 첫째 단계(살전 5:23을 보라)는 야곱이 그의 아들에게 특별한 옷을 만들어 준 것을 뜻한다. 이것은 기독교인으로 성경을 읽는 독자들의 대부분이 알 수 있는 단 하나의 의미이다. "혼"에 해당하는 둘째 단계는 훨씬 더 중요하다. 이 단계에서 그 이야기는 자만과 편애를 경고하는 날카로운 도덕성을 가지고 있다. "영"에 해당되는 셋째 단계가 가장 중요하다. 여기에서 옷은 깊은 철학적인 교훈을 나타낸다. 그리고 열 명의 형제는 교회로부터 모든 철학과 교훈을 뺏기를 원하는 악한들이다. 가장 훌륭하고 가장 현명한 기독교인들만이 깊고 영적인 진리를 볼 수 있다고 오리겐은 말하였다.

시리아의 안디옥에 있던 성경학자들은 우의적인 해석학을 거부하였다. 왜냐하면 우의적인 해석학은 성경을 해석자의 마음대로 다루는 물건으로 추락시키기 때문이다. 이 방법으로는 해석자가 자신이 원하는 대로 모습을 바꿀 수 있기 때문이다. 그러나 안디옥 학파의 반대에도 불구하고 오리겐의 방법이 1200년 동안 교회의 성경 해석방법을 지배하였다.

왜 이 방법이 생겼는가? 우의적인 해석방법이 계속해서 인기리에 사용된 이유가 무엇인가? (1) 그 방법을 사용한 사람들이 변함없이 성경에 대해 높은 존경심을 나타냈으며 그들은 성경의 한 절 혹은 한 단어의 의미를 이해하려 하였다. (2) 그 방법은 단어들의 평이한 의미를 모르는 사람들에게 성경 해석의 어려운 많은 문제를 풀어 준다. (3) 구절마다에 여러 가지 의미가 있다는 원리는 성경이 영적 진리를 무진장 쌓아 놓은 창고가 되게 한다고 생각했다. (4) 이 방법을 사용함으로 해서 성경이 "밀초로 된 코"처럼 해석자가 좋아하는 대로 하나님의 말씀의 의미가 마음대로 결정된다고 할지라도 이 방법이 설교자의 견해를 지원하고 설교자가 본문을 설명하는데 도움을 주었기 때문이다.

주후 200년부터 1500년까지가 해석학적 의미의 두 번째 발전기로서 신조들과 신앙고백서들, 존경받는 교부들의 저술이 나왔다. 이런 것을 흔히 "전통"이라고 부른다. 여러 가지 경우에 있어서 교회의 고백 혹은 교회 공의회의 선언문, 혹은 교부의 의견은 서구 기독교 교회의 공식적인 입장이 되었기 때문에 고찰할 가치가 크다. 교회의 선언문이나 교리를 지원하는 적절한 성경 구절을 더 이상 연구할 필요가 없었다. 교회 자체가 교회 자체의 전통 안에 최종적인 해답을 가지고 있었다.

불행하게도 많은 전통적인 교훈과 입장이 성경의 교훈을 넘어섰고 어떤 때는 성경의 교훈과 모순되는 때도 있었다. 좋은 전통과 나쁜 전통 둘 다 성경의 목을 조르고 있기에 이를 타파하기 위해서 피터 아벨라드(Peter Abelard, 1079-1142)는 「예와 아니오」(*Yes and No*)라고 불리는 책을 저술하였다. 이 책에서 전통을 강조하고 성경 연구를 약화하는 것이 얼마나 위험스러운 일인가에 대하여 공의회와 교부들의 말을 인용하여 밝히고 있다.

종교개혁과 성경 해석

말틴 루터(Martin Luther, 1483-1546)

말틴 루터의 이름과 연결된 위대한 개혁운동의 대부분의 힘은 그의 성경 연구로부터 왔다. 하나님의 본성과 하나님께서는 그분의 아들 예수 그리스도와 성경을 통해서 인간과 대화한다는 루터의 이해가 루터로 하여금 수세기 동안 교회 안에서 잊혀졌던 많은 해석학적 원리들 그리고 루터에 의해서 처음으로 형성된 바로 그 해석학적 원리들을 확정짓게 하였다(제1장을 보라). 이 새로운 해석학적 원리를 가지고서 루터는 성경을 그렇게 명료하고도 확실하게 해석할 수 있었던 것이다. 오늘 루터와 맞먹는 주석가를 찾아보기란 어렵다.

말틴 루터는 성경의 본성과 교회 생활에 있어서 성경의 지위에 대한 네 가지 신념을 가지고 있었다. 이 신념이 그의 해석학 체계를 형성하는 기반이 되었다. 첫째, 루터 전에 있었던 몇몇 사람들처럼 루터는 성경이 교회에 있어서 으뜸이자 최종적인 권위를 가지고 있다고 믿었다. 루터는 공의회와 존경받는 교부들이 과거에 가르친 것을 존경하고 전통을 존중하였지만 교회까지도 실수를 범할 수 있고 사람을 오도할 수 있다고 서슴없이 말하면서, 성경만이 실수가 없으며 완전히 신뢰할 수 있다고 주장하였다.

둘째, 성경의 한 구절 혹은 한 문단은 단 하나의 뜻만을 가지고 있으며 하나님께서 교회가 알 수 있도록 한 뜻도 언제나 한 가지 뜻이라고 루터는 가르쳤다. 이러한 입장을 가지고 루터는 우의적인 해석의 원리로 훈련된 그 당시 성경 연구자들에게 도전하였다. 더욱이 일반적으로 볼 때 성경의 의미는 분명하기 때문에 루터는 우의적인 방법을 주장하는 자들을 반대하였다. 성경의 메시지는 일반 기독교인들도 이해할 수 있다. 특별히 공부한 주석가만이 성경의 메시지를 이해할 수 있는 것은 아니다.

셋째, 모든 기독교인은 성경 구절들의 해석에 관하여 개인적으로 판단을 내릴 권리가 있음을 루터는 주장했다. 이 원리가 때때로 오해를 받는다. 이 뜻은 누구든지 자신이 좋아하는 방법으로 성경을 해석할 수 있다는 것이 아님을 루터는 강조하였다. 그렇게 이해한다면 기독교인들 가운데서 끊임없이 혼란을 야기할 것이다. 루터는 개개 기독교인이 교회의 가르침이 예수 그리스도의 복음에 합당한지를 조사할 의무와 능력이 있음을 뜻한 것이다(행 17:10-12에 있는 베뢰아의 신도들처럼).

넷째, 루터는 교회의 성경 해석이 성경의 중심 교리인 복음을 모호하게 하거나 혼란하게 하지 않는 한에 있어서 교회가 그 당시에 행하던 성경 해석을 받아들였고 가르쳤다(아우그스부르크 신앙고백서의 변증론 7장과 8장 20, 21항을 보라. Tappert edition pp. 171 이하). 루터가 이 네 가지 원리에 기반을 두고 발전시킨 해석학 원리가 제3장에서 논의될 것이다.

존 칼빈(John Calvin, 1509-1564)

프로테스탄트에 속한 대부분의 교회에 직접 간접으로 영향을 준 것으로 보통 생각되는 칼빈은 루터보다 더 철저한 주석가였는지도 모른다. 그러나 그에게는 그의 시대의 동료와 선배에 대한 따뜻함과 열정이 결여되어 있었다. 루터와 칼빈의 해석학적 체계는 매우 유사하다. 칼빈의 기본 원리에 대해서 독자의 주목을 끌만한 것이 몇 가지 있다.

칼빈은 루터와 같이 성경해석을 하는 데 있어 성령의 인도하심과 깨닫게 하심이 절대적인 요소라고 주장했다. 칼빈은—루터보다 어느 면에서 더 날카롭게—본문을 읽은 원래 독자들의 이해와 후에 읽는 독자들의 이해를 구분하였다. 본문의 의미는 하나이고 단순한데 다른 시대의 독자의 이해나 본문의 진리를 기독교인들이 적용시키는 데 있어 그 상황이 변함에 따라 변할 수 있다고 칼빈은 말하였다.

훌륭한 성경 연구자는 본문을 연구하기도 전에 이미 나타나 있는 사상을 뒷받침해 주는 성경 구절을 찾아서 그 사상을 증명할 것이 아니라 성경 기자에게서 직접 듣는 훈련이 꼭 필요하다고 칼빈은 주장하였다. 칼빈이 성경 구절 가운데 약간은 뜻하는 바가 무엇인지 이해할 수 없는 것이 있다고 서슴없이 말한 점 역시 기억할 만하다.

16세기와 17세기의 성경 해석

루터와 칼빈이 성경 해석에 있어서 개척자적인 업적을 쌓았고 그 업적은 부분적으로 후계자에 의해 계승되었다. 그 후계자 중에 한 명이 필립 멜랑히톤(Philip Melanchthon, 1497-1560)이다. 그러나 16세기 후반에 있어서는 건설적인 성경 연구보다는 종교적인 논쟁이 더 성했음을 주목해야 한다. 로마 가톨릭 교회는 프로테스탄트 교회의 개혁을 반대하기 위하여 트렌트(Trent) 공의회(1545-1563)의 선언과 정경에 대한 그들의 신앙을—때때로 호전적인 형태로—표명함으로써 반 개혁 운동을 준비하였다. 이 시기에 프로테스탄트 교회는 아우그스부르크 신앙고백서, 일치신조, 헬베트 신앙고백서 등을 산출하였다.

이 시기에 기독교인들은 하나님께서 하나님의 말씀을 통하여 그들에게 말씀하시려는 것이 무엇인가를 진정으로 이해하려고 하기보다는 기독교 교리의 체계를 다듬고 명확히 하는데 심혈을 기울였다. 이 시기에 활동한 주석가들은 주어진 본문에서 하나님께서 의도하신 뜻을 어둡게 하기 위하여 종교적 진리들을 논리적으로 정리를 하길 바라는 일을 종종 묵인했다. 더욱이 주석가들과 신학자들은 그들 자신의 체제를 옹호하기 위하여 논쟁에 머리카락을 쪼개는 듯한 셀 수도 없는 시간을 바쳤다. 때때로 그들만이 옳고 다른 모든 사람은 거짓 교사로 보이는 듯하였다. 말할 필요도 없이 많은 가치 있는 성경 연구가 이 시대에도 역시 계속되었다.

필립 스페너(Philip Spener, 1635-1705), 아우구스트 헤르만 프랑케(August Hermann, Francke 1663-1727) 그리고 요한 알브레흐트 벵겔(Johann Albrecht Bengel, 1687-1752) 같은 사람들은 종교개혁 바로 다음 시대의 편협하고 냉정함에 대한 반작용으로 나타났다. 이 사람들은 보통 경건주의자라고 부른다. 성경은 영적인 양식이며 근본적으로 개인의 교화를 위하여 읽혀져야 할 것이라고 그들은 강조하였다. 경건주의자들은 성경의 원래 언어를 연구할 것과 성경의 의미를 일상생활에 적용할 것을 강조하였다. 불행하게도 경건주의적인 해석학도 역시 남용되었다. 몇몇 경건주의자들은 해석학적 훈련과 본문의 본래 의미를 파악하는 데 주목하지 않았다. 그들은 때때로 그들의 감정이 하나님의 영이 말씀하시는지 아닌지를 결정하도록 허용하였다. 이상하게도 경건주의자들은 자신들의 개인적인 느낌과 감정을 위하여 성경을 거의 무시했다.

계몽시기

18세기와 19세기를 종종 계몽시기 혹은 이성의 시대라고 부른다. 이때는 급격한 문화의 변화와 정신적 변동의 시기이다. 거룩한 것이라고는 없다고 여겨져서 분석하고 의심하고 심지어 공격까지 하였다. 인간 이성이 진리와 오류를 담당할 능력이 있다고 토마스 홉스(Thomas Hobbes, 1588-1679)와 바루크 스피노자(Baruch Spinoza, 1632-1677)와 같은 사상가들이 가르쳤다. 인간의 이성은 어떠한 장애물이나 어려운 문제도 정복하고 해결할 수 있다고 그들은 말했다. 합리주의자들 중의 몇몇은 교회가 이성을 반대한다고 느꼈기 때문에 교회와 성경을 파괴해야 한다고 하였다. 그로부터 얼마 후에 찰스 다윈(Charles Darwin, 1809-1882)의 저서를 통하여 진화론이 일반적으로 널리 받아들여졌다. 성경 연구자들은 많은 합리주의적이고 진화론적인 원리에 영향을 받았다.

이러한 원리들은 소위 역사비평적 주석이라 불리어지는 새 학파에 가장 강한 영향을 주었다. 19세기의 역사비평적

학자들의 대부분은 자유주의적 신학자들이었다. 그들은 자신들의 자유적인 입장을 지원하기 위하여 역사 비평적 방법을 종종 사용하였다. 많은 사람들이 역사비평주의와 자유주의적 신학은 불가분의 관련이 있다고 생각하였다. 불행하게도 그들은 이 두 용어를 거의 동의어로 생각하였다.

그러나 성경을 연구하는 역사비평적 방법은—어떠한 체계들에 있어서나 마찬가지로 그것에 대한 남용은 있을지라도—완전히 합당하고 필요한 방법이다. 역사비평적 방법은 근본적으로 다음과 같은 질문을 하는 것이다: 성경의 책들은 누가, 언제, 왜 썼으며 원래 독자는 누구였는가 하는 것이다. 또한 그것들의 삶의 자리는 무엇인가? 하나님의 말씀이 그들에게 본래 뜻한 것은 무엇인가?(4장에서 더 자세히 논의할 것이다)

물론 19세기 역사비평가들 중의 많은 사람이 상기와 같은 질문을 할 때 기독교적 종교와 성경에 대하여 약간의 선입견을 가지고 있었다. 그들의 답변은 조심성 있는 역사 연구로부터 나온 것이 아니라 오히려 그들의 전제에 의하여 결정된 때가 종종 있었다. 예로 기독교는 진화된 종교라고 믿었다. 즉 원시 자연 숭배에서 유일신관으로 발전한 것은 이사야와 미가의 시대라고 그들은 믿었다. 그들은 전체 성경 또는 더욱 통례적으로 책들의 부분들의 연대를 결정하였다. 이는 책들의 내용이 제시하는 소위 종교적 진화의 단계를 가지고 그렇게 하였던 것이다. 벨하우젠(Julius Wellhausen, 1844-1918)은 자신의 진화론적 사상을 뒷받침하기 위하여 구약성경의 J, E, D와 P기자의 이론을 발전시켰다.

더욱이 19세기 성경신학자들은 하나님께서 인간사(人間事)에 직접 개입하셨다는 사실을 믿지 않았다. 참 크리스천 종교는 인간 자신의 구원을 위하여 인간이 만들어 낸 것이라고 합리적인 인본주의자들은 믿었다. 다른 사람들은 예수님은 선한 삶을 위한 선생이었지 인류의 죄를 위하여 세상에 오시어 고난받고 죽으신 하나님의 아들은 아니라고 믿었다. 이와 같은 사람들은 참 나사렛 예수를 "되찾아서" 그의 모본을 모든 사람이 본받도록 하게 해야 한다고 느꼈다. 그들은 그들의 성경 연구가 사람과 국가 가운데 영원한 평화를 수립하는 데 공헌할 것을 바랐다.

이러한 종류의 사람들이 한 성경연구는 성경에 결정적으로 파괴적인 영향을 주었다. 주목할 일은 그들이 사용한 특별한 해석학적 방법들보다도 그들의 자유주의적인 전제가 성경 해석을 더 많이 지배한 것이다. 19세기 자유주의자들에 의해서 이룩한 결론들 중의 많은 것은 20세기 주석가들의 조심 있고 균형 있는 연구에 의하여 사실로 증명되지 못했다.

그러나 19세기 성경 연구의 원장(元帳)에는 어쨌든 적자(赤字)로 기입해야 한다. 기라성같이 현명한 주석가들이 같은 방법을 채용하여 귀중한 주석서의 긴 목록을 만들었다. 이 사람들은 신학적인 깊은 이해를 가지고 성경적 언어와 문법과 역사적 정보를 연합하였다. 이 주석가들은 성경의 각 책의 영적 메시지를 제외하는 역사적, 비평적 문제를 강조하기를 거부하였다.

이 건실한 사람들의 전제들은 기독교 교회의 전통적 신학적 교훈에 기본적으로 동의한 것이고 그들의 업적은 영원한 가치가 있음이 증명되었다. 이러한 사람들 중에 특출난 학자는 라이트후트(J.B. Lightfoot), 웨스코트(B.F. Wescott), 호르트(F.J.A. Hort), 브로두스(John A. Broadus), 쟌(Theodor B. Zahn), 케일(Carl F. Keil), 델리취(Franz Delitzsch), 메이어(H. A.W. Meyer), 랑게(John P. Lange)와 고데트(F. Godet)이다. 이 학자들이 쓴 주석서들은 많은 기독교 목사들의 서재에서 영예의 자리를 차지하고 있고 아직도 계속 재판되어 나오고 있다.

20세기의 성경 연구

20세기 성경 해석학은 기독론적, 실존적, 에큐메니칼적, 역사적인 성격을 지니고 있다.

1. 기독론적 해석

현대의 저명한 주석가의 대부분은 하나님의 아들이신 예수 그리스도가 성경의 절대적인 중심이라는 확신 위에서 성경을 해석하고 있다. 그들은 예수 그리스도를 약속된 메시아로, 구약성경의 성취자로, 모든 시대와 역사의 중심으로 그리고 세상의 구세주로 생각한다. 이 많은 사람들의 같은 기반은 현 세기의 발전에 용기를 주는 일 중에 하나이다. 그러나 더 성장할 여지가 있다. 왜냐하면 주석가들은 그리스도가 하나님 혹은 하나님의 아들이라는 것에 어쨌든 동의하지 않기 때문이다. 또 그들은 예수의 고난과 죽음의 의미에 있어서도 일치하지 않고 있다.

2. 실존적 해석

이것은 현대 성경 해석자의 대다수를 묘사하는 열쇠가 되는 개념이다. 모든 주석가들이 다소간의 정도의 차이는 있지만 "실존"에 기반을 둔 해석학적 원리를 사용한다. 광의로 말해서 말씀 그 자체가 "실존"과 연결되어 있다. 철학자들은 그 실존을 "인간의 삶 혹은 존재의 문제"라고 정의할 것이다.

성경은 인간의 전체 상황에서 인간에게 심판과 구원을 주는 하나님의 말씀으로 해석되어야만 한다고 실존주의적 해석학자들은 주장한다. 그러면 해석자의 업무는 자신과 자신의 청중이 직접적이고 인격적으로 하나님과 직접 만나는 경험을 할 수 있는 방법으로 하나님의 말씀을 이해하고 설명하는 것이다. 이와 같은 "실존의 순간"에 한 개인은 깊고 중요한 결단을 하도록 요구된다. 실존주의자에게 있어서는 성경의 역사적 내용과 종교적 교훈들은 하나님의 영이 독자들에게 행하실 수 있는 심연한 삶의 변화보다 중요하지 않다.

실존주의 이론에도 중요한 진리가 있기는 하지만, 이러한 해석자들은 종종 성경해석을 어떤 성경 연구자에게는 이상하게 보이는 성경에 대한 사상을 가지고 한다. 예를 들면 성경의 말씀이 독자에게 영향을 주어 심연한 삶의 변화를 가질 때만 하나님의 말씀이 된다고 그들은 주장한다. 독일 신학자 칼 바르트(Karl Barth)는 종종 이러한 견해에 연결되어 있다.

이 그룹에 속한 다른 성경 연구자들은 하나님의 말씀이

성경 속에 나타나게 된 형식과 말씀의 내용 또는 참 의미를 날카롭게 구분한다. 그래서 그들은 하나의 실재 아담과 하와 그리고 말하는 뱀에 대한 성경의 기록은 말씀의 형식에 속해 있으므로 무시할 수 있다고 믿는다. 창세기 1-3장의 참 의미는 인류는 언제나 반항적이며 미래에 대한 인류의 희망은 하나님의 선하신 약속과 전능하신 능력에 있음을 나타낸다. 이것은 "비신화화"의 매우 간단한 예이며 루돌프 불트만(Rudolf Bultmann)의 정신을 나타내는 것이다.

3. 에큐메니칼적 해석

20세기 성경연구는 두 가지 이유에서 교회의 일치적인 면이 있다고 말할 수 있다. 첫째, 성령께서 20세기에 교회 일치 운동을 창조하고 촉진시키는데 새롭고도 철저한 성경 연구를 이용하셨다. 옛 이스라엘과 새 이스라엘, 하나님의 나라, 교회에 대한 성경적 교훈이 새롭게 발견되어서 이 세상에 있어서 교회의 본질과 선교, 임무에 대하여 생각을 새롭게 하게 하였다. 둘째, 20세기 성경 연구는 모든 교단의 회원들에 의하여 그들의 기본 교리를 재검토하는 풍토가 조성되었다는 면에서 일치적이라고 할 수 있다. 교단들 사이에 있는 갈등과 여러 상이점들은 필수적이고 결정적인 가르침에서는 오히려 강조점이 다르고 말씀 사용이 다른 문제에서 생기고 있음을 성경 연구자들은 발견하게 되었다. 성경과 교리 연구 모두에 있어서 로마 가톨릭 교회의 학자들이 개척적인 업적과 책을 냈는데 그것들은 많은 다른 교단의 학자들에게 대단히 도움을 주었다.

4. 역사적 해석

종교개혁 이후 성경 연구에는 여러 가지 역사적 방법과 이해—4장에서 더 자세히 취급하겠지만—를 사용하였다. "구속사"(독일어 Heilsgeschichte, 영어 Salvation History)의 사상을 해석학적으로 사용하는 것을 여기서 언급하려 한다. 성경은 하나님께서 신·구약성경 안에 있는 그분의 선택한 백성의 구원을 위하여 행하신 위대한 행동의 역사로 읽어야 한다는 것이 구속사가 제시하는 내용이다.

성경은 구속사를 기록한 책이라는 해석학적 원리가 널리 받아들여지고 있으며 성경신학의 서적이나 현대 주석을 이해하는 데 열쇠가 되는 개념을 제공하고 있다. 성경은 예수 그리스도가 중심이 되는 하나님의 구원 계획의 기록이라는 주장을 성경학자들은 내세웠다. 그러므로 구속사는 일간 신문에 보도되는 역사의 종류나 좋은 의미의 중고등학교와 대학 교과서에 나오는 역사와는 굉장한 차이가 있다. 그러나 구속사가 역사와는 다름에도 불구하고 구속사는 역사이기 때문에 이 역사는 주석가들로 하여금 성경 말씀의 뜻과 본래의 삶의 자리를 연구하는 데 많은 기간을 소비하도록 요구한다. 주석가가 이러한 일을 해놓은 뒤라야만 성경 연구자들이 본문의 현재와 미래의 의미에 대하여 안전하게 연구할 수 있게 된다.

요 약

본 장에서는 기독교 교회에 있어서 성경 연구의 역사를 간단하게 취급했지만 매우 중요한 고찰을 하였다. 신약성경의 저자가 구약성경을 해석하는 몇 가지 해석학적 원리를 우리는 다루었다. 우의적 방법의 유용함과 약점을 좀더 자세히 다루었다. 왜냐하면 우의적인 방법은 기독교 성경 연구자들에 의해서 널리 사용되었기 때문이다. 말틴 루터의 중요한 공헌에 대하여도 우리는 간단히 취급하였다. 해석자의 입장(그의 전제 혹은 전이해)이 그의 결론에 끼칠 수 있는 영향에 대해 17, 18, 19세기의 중요한 주석가들의 이론을 대상으로 연구하였다. 마지막으로 20세기 성경 연구의 중심적인 성격들이 기술되었다.

본 장에서는 언급된 각각의 이론을 철저히 연구하고 평가하지는 못하였다. 그러한 것이 본 장의 목적이 아니기 때문이다. 교회사에 나타난 상이한 해석학적 원리에 대한 옳고 그른 것, 이익 되고 손해가 된 점에 대하여는 이 책의 남은 부분에서 자명하게 될 것이다.

복습문제

1. 신약성경 때부터 구약성경을 해석하는 상이한 두 가지 해석학적 원리를 예를 들어 말하라.

2. 오리겐이 사용한 입장에서 '우의'(allegory)를 정의해 보라.

3. 왜 우의적으로 주석한 주석가들이 그의 후계자들에게서 공격을 받았는가?

4. 교회 안에서 성경의 위치에 대한 루터의 견해를 요약하라.

5. 성경을 해석함에 있어서 신조들과 전통의 역할이 도움이 되는 점과 해가 되는 점이 무엇인지 밝혀라.

6. 칼빈을 루터와 비교할 때 어떻게 다른가?

7. 전제가 뜻하는 바를 정의하고 예를 들라. 19세기 이래 현재까지 성경 연구자들이 고집하고 있는 몇 개의 전제에 대한 예를 들라.

8. 20세기 성경 연구의 중심적인 특성들을 당신의 말로 설명하라.

03장

해석의 신학적 원리

앞으로 전개될 네 장이 이 책의 중심적인 부분이다. 한 단위씩 떼어서 읽어도 좋다. 이 부분에 있는 내용은 서로 각기 다른 장에서 인용하여 참조하게 될 것이다. 그러나 그것들이 서로 연관은 있지만 네 단원을 각각 떼어 읽을 수 있고 분리하여 연구할 수도 있다.

제3장은 성경이 하나님의 말씀이라는 사실에서 비롯되는 해석학적 원리를 다룰 것이다. 그 원리를 신학적인 원리라 부른다. 제4장은 어떠한 문학 작품을 올바로 이해하기 위하여 흔히 쓰는 해석학적 원리를 다룰 것이다. 제5장은 이러한 원리를 구약성경에서 주요한 위치를 차지한 부분에 어떻게 적용시키는지에 대하여 논하고 제6장은 이 원리를 신약성경에 적용시켜 볼 것이다.

성경의 권위와 저작권

신자인 성경 연구자가 받아들이는 첫 번째 진리는 성경은 오직 성령의 영감을 통해서 나타난 하나님의 행위의 작품이라는 점이다. 성경은 제1장에서 이미 지적했듯이 성경 자체가 이 점을 주장하고 있다. 기독교인들은 이 주장을 받아들인다. 왜냐하면 성경의 말씀을 통해서 기독교 안에서 활동하시는 하나님의 영은 성경의 이 자료와 본성에 대하여 기독교인을 확신케 하기 때문이다.

성경은 하나님의 말씀이기 때문에 성경은 다른 책들을 해석하는 것과 똑같은 방법으로 연구되거나 해석되어서는 안된다. 본 장에서 고려되는 해석학적 원리들은 성경의 신적인 저작권과 독특하게 연결된다. 그러므로 성경은 신적인 권위와 관계된다.

성경의 목적

성경의 목적을 분명하게 이해하는 것은 성경 해석을 바르게 하기 위한 기본적인 일이다. 성경의 목적은 제1장에서 자세히 다루었던 성경의 본성과 관계가 있다. 즉 제1장에서 성경은 하나님의 말씀이란 점을 강조하였다. 성경은 다음과 같은 것을 알리도록 계획된 것이다. 즉 이스라엘의 생활에 나타난 하나님의 심판과 은혜, 예수 그리스도의 생애와 죽음과 부활에서 나타난 하나님의 심판과 은혜, 초대 교회의 생활과 교훈에 나타난 하나님의 심판과 은혜 등을 보여주려 한 것이 성경의 목적이다.

사도 바울은 디모데후서에서 이 모든 것을 위한 하나님의 목적을 밝혔다. "그러나 너는 배우고 확신한 일에 거하라. 네가 뉘게서 배운 것을 알며 또 네가 어려서부터 성경을 알았나니 성경은 능히 너로 하여금 그리스도 예수 안에 있는 믿음으로 말미암아 구원에 이르는 지혜가 있게 하느니라. 모든 성경은 하나님의 감동으로 된 것으로 교훈과 책망과 바르게 함과 의로 교육하기에 유익하니 이는 하나님의 사람으로 온전케 하며 모든 선한 일을 행하기에 온전케 하려 함이니라" (딤후 3:14-17).

사도 바울은 위에 인용한 본문에서 불가분의 두 목적을 언급한다. 성경은 독자로 하여금 예수 그리스도 안에 있는 믿음으로 말미암아 구원에 이르게 하는 지혜를 얻게 하고 하나님의 사람으로 완전하게 되는 준비를 하게 한다. 이러한 결과들은 성령의 역사에 달려 있는 것이다. 그리고 특별히 기독교인들이 복음이라고 불리는 진리와 생명의 말씀을 찾으려고 기도하는 마음으로 성경을 연구할 때, 하나님께서는 그러한 결과들을 더욱 크게 이루어 주신다.

성경 연구는 참으로 완전히 실제적인 것이 되어야 한다는 것이 디모데서의 구절이 주장하는 바이다. 이 말씀은 가르치는 자나 배우는 자 모두에게 신앙을 북돋아 줌을 의미한다. 성경 연구는 하나님의 은혜를 더욱더 이해하도록 해야만 한다. 특히 하나님의 백성과 하나님께서 맺으신 계약에서와 하나님의 아들이신 우리 구주 예수 그리스도의 인격과 사역(事役)에서 나타난 은혜에 대해 깨닫게 되어야 한다. 성경 연구는 신앙을 성장케 하고 배우는 사람들로 하여금 기독교적인 삶을 영위하도록 돕고, 또한 우리 주님이 다시 오실 때 그분을 구세주로 영접하도록 도와야만 한다.

"그리스도만"의 원리

성경의 이 목적을 달성하기 위하여 하나님께서는 성경에 있는 매 구절마다에서 심판(율법) 혹은 은혜(복음) 중 하나를 또는 양자에 대해서 다 말씀하신다. 이 두 개념을 합당하게 이해하는 것이 유익한 성경 연구의 기본적인 요소이다. 루터는 예수 그리스도의 인격과 사역을 하나님의 은혜와 완전히 동일시했다. 이 동일함이 루터로 하여금 성경 연구의 양면적인 원리를 형성케 하였다. 루터의 원리 중 첫째 면은 잘 알려진 것으로 성경 연구자는 성경의 모든 구절에서 예수 그리스도를 찾도록 노력해야만 한다는 내용이다(독일어로는 *was Christum treibet*). 루터의 원리 중 둘째는 현대 성경 연구자들에게는 너무도 급진적인 것인데 그 내용은 에스더서와 야고보서와 같은 책은 그리스도를 분명히 나타내 보이지 않기 때문에 그 책들이 성경에 꼭 남아 있어야 하는가 하는 질문이다.

오늘 성경 연구자들은 말틴 루터의 가장 중요한 원리인 첫 번째 원리를 현대화한 원리에 익숙하다. 성경 연구자는 성경의 각각의 본문마다에서 하나님이 인간을 위해 준비하신 심판이나 구원에 대한 내용을 찾아내야 한다고 교육받는다. 이 시도는 하나님의 아들에 대하여 명확하게 언급된 구절에서는 자연적으로 쉽게 이루어진다. 이 원리의 내용을 적절하게 이해하게 되면 이것이 성경 해석학에 있어서 "그리스도만"(*solus Christus*)의 원리임을 깨닫게 된다.

다른 세 가지 "…만"의 원리

말틴 루터는 *solus Christus* 원리를 다른 *sola*(…만) 원리에로 확대하였다: 은혜만으로(*sola gratia*), 믿음만으로(*sola fide*), 성경만으로(*sola scriptura*). 이 "…만"이라는 표어가 해석학의 원리들은 아닐지 몰라도 그것들은 합당한 해석을 위하여 중요한 신학적으로 압축된 내용을 제공하며 중요한 안내를 한다.

"은혜만으로"라는 표어와 함께 말틴 루터는 전체 성경의 중심 교훈이며 유일한 주제는 하나님께서는 죄인들은 오직 예수 그리스도의 공로만으로 의롭게 된다는 사실을 선포한다고 한다. 이 중심 진리가 로마서 4-5장에 있다. 아브라함은 하나님께서 자신의 약속을 반드시 이행하시리라는 믿음을 가지고 있었기에 의롭다 여김을 받게 되었다. "그러면 이제 우리가 그 피를 인하여 의롭다 하심을 얻었은즉 더욱 그로 말미암아 진노하심에서 구원을 얻을 것이니"(롬 5:9).

이 원리에 따르면, 인간이 자신의 공로에 의하여 구원받을 수 있다고 인정하는 성경 해석은 잘못되었거나 불완전한 것이다. 이 원리를 긍정적으로 정리하면, 성경 연구자는 자신의 해석이 하나님의 은혜를 생명과 구원의 유일한 희망으로 확대시킬 때까지 만족해서는 안 된다.

인간은 하나님의 은혜를 믿음 또는 신앙의 행위로만 받을 수 있다. 그리고 신앙 역시 완전히 성령의 역사로 말미암은 것이다. 루터는 잘 알려진 표어 "*sola fide*"—믿음만을 통하여라는 뜻이다—에서 중요한 진리를 요약하였다. 이 표어대로 한다면 성경 연구자는 인간 자신을 구원하기 위한 인간의 공로나 노력이 필요하다고 말하는 잘못된 모든 해석을 정죄해야 한다. 그러나 이 표어가 인간이 신앙을 지닌 후에 하나님의 뜻에 인간의 참여함을 제외시키는 것은 아니다. 은혜만으로 라는 표어와 같이 이 두 번째 표어도 성경 연구자들로 하여금 성부, 성자, 성령으로서의 하나님의 행위에 주목케 하는 해석을 하게 한다.

"성경만으로"(*sola scriptura*)가 루터의 종교개혁의 세 가지 "…만"의 세 번째이다. 즉 성경이 기독교인들에게 그들이 하나님의 은혜와 구원하는 신앙에 대하여 필요한 모든 것을 말하여 주며 기독교 신앙과 생활의 단 하나의 규범 혹은 기준과 근거임을 이 셋째 표어가 확증하여 준다. 그러므로 성경만으로란 표어는 성경이 기본적으로 중요하다는 것을 나타내며 믿음을 통한 은혜에 의하여 의롭게 된다는 성경의 메시지이다. 이 표어도 기본적인 해석학의 원리로서의 "그리스도만"

의 중요성만큼 귀중하다.

해석자의 태도

성경 연구자가 해석을 하는 데 필요한 동기들, 전제들, 정신들에 대하여 이미 언급하였다. 연구자의 태도는 분명히 해석학의 원리는 아니지만, 그의 태도는 그가 사용한 해석학의 원리만큼 그의 연구 결과에 깊이 영향을 준다. 성경 해석에 대한 본 연구는 성경 연구자가 기독교인임을 가정하는 것이다. 이유는 기독교인만이 본 장에서 논의되는 원리들의 대부분을 받아들일 수 있기 때문이다.

율법과 복음

신앙을 가진 성경 연구자는 하나님께서 그분의 말씀을 통하여 자기에게 이야기하기를 기대한다. 하나님은 율법의 말씀으로 이야기하실 수도 있다. 이 말씀은 독자를 무서워 떨게 하는 말씀이며, 그들이 그의 창조주 앞에 그의 죄가 폭로되어 영적으로 벌거벗고 서있기 때문에 그를 압도하는 말씀이다. 또한 하나님께서는 복음의 말씀으로 이야기하실 수 있다. 이 복음의 말씀은 독자들이 죄인으로 떨고 있을 때 위로하고 용기를 주고 격려하는 말씀이다. 왜냐하면 그 복음은 하나님께서 자신의 아들 예수 그리스도 안에 준비하신 위대한 구원에 대하여 말씀하시기 때문이다. 이러한 말씀의 이중적인 효과의 사상은 "성경의 모든 구절은 율법 혹은 복음 중의 하나"라고 하는 해석학적 원리가 되기도 한다.

그러나 성경은 율법 혹은 복음으로 갈라놓을 수 없을 때가 있다. 예를 들면 십자가의 기사가 율법인가 복음인가 하고 논쟁할 수 있다. 십자가 사건은 양자에 다 속하다. 이유는 죄인에 대한 하나님의 한없는 사랑을 표시하는 만큼 죄인에 대한 하나님의 분노가 심하다는 것을 나타내기도 하기 때문이다. 성경 연구자는 어떤 때 율법으로 이해했던 구절이 어떤 때 복음으로 이해되는 구절이었음을 반복하여 경험할 것이다. 요약하면 성경 연구자는 율법과 복음의 용어로 그의 창조자에 의하여 선포되는 말씀을 들을 때까지 그가 성경 본문을 연구하고 설명한 것이 잘못되었다거나 혹은 불완전하다는 사실을 늘 기억해야 한다.

성령의 역사

성경 연구자가 신앙이 있는 기독교인이어야 한다는 것은 필연적이다. 그래서 그의 심성이 성령의 통찰력과 지시하심에 열려 있어야 한다. 성령은 예수를 따르는 자들을 모든 진리에로 인도할 것이라고 예수님은 약속하셨다. 성경 연구자의 심령 안에 역사하는 성령만이 그로 하여금 성경 구절의 진리와 전체 뜻을 파악케 할 것이다. 그러므로 성경 연구자는 시편기자가 했던 것처럼 성령의 조명을 받기 위해 기도해야 한다. 즉 "내 눈을 열어 주의 법의 기이한 것을 보게 하소서."

이 약속은 흔히 오해되고 잘못 적용되는 때가 있다. 어떤 사람은 성경 해석이 필요로 하는 열심있는 연구를 피하기 위한 구실로 이 약속을 사용한다. 그런 사람들은 성경을 연구하는 대신 성경 해석을 하나님으로부터 직접 받는다고 말한다. 그리고는 다른 사람들은 해석의 기본 원리를 모두 무시해 버린다고 한다. 왜냐하면 그들은 개인적으로 직접 해석을 받았기 때문이라는 것이다. 어떤 사람이 이상의 이야기를 말틴 루터에게 전했을 때 말틴 루터는 그들에게 그들이 성령과 매우 가깝다고 하는 사실을 증명할 기적을 행해 보라고 말하였다.

경건주의 기독교인들은 그들의 주관적이고 개인적인 느낌이나 확신이 성령으로부터 왔다고 해석함으로써 잘못을 종종 범한다. 성경 연구 모임이나 단체의 회원이 한 구절이 의미하는 바에 대하여 "육감"이나 "느낌"을 말하고 다른 회원이 이와 같은 "육감"이 하나님으로부터 온 직접적인 메시지라고 인정할 때 그들은 이와 같은 잘못을 범하게 된다.

해석자의 합당한 태도는 주님이 이사야에게 기록케 한 말씀에 요약되어 있다. "나 여호와가 말하노라. 나의 손이 이 모든 것을 지어서 다 이루었느니라. 무릇 마음이 가난하고 심령에 통회하며 나의 말을 인하여 떠는 자 그 사람은 내가 권고하려니와"(사 66:2).

성경의 해석자는 성경이다

성경은 명료하다는 원리와 성경의 메시지는 가장 단순한 기독교인들도 이해할 수 있다는 원리를 기독교 신학자들은 언제나 고수한다. 그러나 오늘 이 원리가 무서운 공격의 화살을 받고 있다. 많은 사람들의 견해에 의하면 성경을 올바로 해석하기 위하여 많은 지능과 지식이 요구된다는 것이다. 이 의견은 성경 연구자가 히브리어, 헬라어, 아람어와 같은 언어를 알아야 되고 역사, 고고학, 철학 등을 알아야 한다는 뜻으로 이해된다. 평범한 성경 연구자는 놀라서 두 손을 들려고 할 것이고 성경 해석의 분야는 신학교 교수들에게나 떠맡기려 할 것이다.

성경 해석이 고도로 훈련된 주석자들의 독점물이 된다면 교회를 위해서는 슬픈 날이 될 것이다. 다행스럽게도 이러한 상황은 아직 일어나야 할 필요가 없었다. 왜냐하면 일반적으로 성경은 자명하고 성경의 메시지는 아주 단순한 기독교인도 이해할 수 있기 때문이다. 그러나 이것은 확실히 모순되는 것이 아닌가? 즉 한편으로는 성경의 자명성의 원리를 주장하고 한편으로는 해석학의 원리가 필요하며 이를 연구하는 주석가가 매우 중요하다고 주장하니 모순이 아닌가?

성경의 자명성을 적절하게 이해하게 되면 이 역설에 대한 문제가 풀릴 것이다. 첫째로 자명성의 원리는 간단히 말하면 이와 같다. 회개한 어떤 기독교인이라 할지라도, 그가 하나님의 구원의 계획과 인간의 생명을 위한 하나님의 뜻에 대하여 알기를 원할 때, 그는 성경을 읽을 수 있고 성경에서 그 사실을 들을 수 있다는 것이다. 성경의 자명성을 증명해 주는 구절들(예. 시 119:105, 130; 벧후 1:19)은 하나님의 말씀이 단순한 사람에게도 빛을 비추어 주신다고 증거하고 있다.

"자명성"을 나타내는 구절은 조심스럽고 진지하게 연구해야 한다는 구절과 균형을 맞추어야만 한다(신 17:19; 대하 17:9; 사 2:3; 행 17:11). 사도 베드로는 바울의 서신을 읽는 독자들에게 다음과 같이 경고하였다. "그 모든 편지에도 이런 일에 관하여 말하였으되 그 중에 알기 어려운 것이 더러 있으니 무식한 자들과 굳세지 못한 자들이 다른 성경과 같이 그것도 억지로 풀다가 스스로 멸망에 이르느니라"(벧후 3:16, 또한 3:18; 히 6:1-3; 벧전 1:10-12을 보라).

그러므로 성경 자체가 자명한 성경 구절이 있음과 연구를 필요로 하는 어려운 구절이 있음을 말하고 있다. 예수 그리스도를 통한 하나님의 구원의 이야기인 복음은 성경에서 분명히 가르치고 있다. 즉 그것은 신앙이 있는 어떠한 기독교인에 의해서도 이해될 수 있는 것이다. 바로 이러한 원리가 본 항목에서 강조하려는 해석학의 원리이다.

두 번째로 자명성의 원리가 많은 분량의 구절들에도 적용될 수 있다. 즉 좁은 의미에서 예수 그리스도의 평범하고 간단한 복음 이상의 것을 그 구절들이 가르친다 하더라도 그 구절의 뜻은 자명하다. 그리스도 안에서 인간이 새 생명을 얻고 구원을 받는 데 있어 본질적으로 필요한 모든 것을 성경은 어디에서나 분명하게 가르치고 있다. 또한 이러한 규칙을 성경 해석자는 사용한다.

신앙의 유비

신앙의 유비는 성경 해석에 있어서 매우 중요한 역할을 한다. "유비"(analogy)는 두 개 또는 그 이상의 항목 사이의 바른 관계 혹은 일치를 뜻한다. 여기에서 "신앙"이라는 것은 바울 서신에서 자주 나타나는 바와 같은 예수 그리스도를 통한 하나님과의 관계에 대한 신자의 확신을 의미하기 보다는 기독교인들이 고백하는 기독교 교리의 체계를 의미한다. 사실 여기에서는 그러므로 "신앙의 유비"는 성경 구절에서 유출된 교훈이 분명한 성경의 구절을 기반으로 하고 있는 기독교회의 고백의 내용과 신조가 일치해야 한다는 뜻이다.

루터는 복음에 대한 신앙의 유비를 제한했다. 즉 하나님이 그리스도 안에 있고 그리스도가 세상을 하나님과 화해케 했다는 기쁜 소식에 신앙의 유비를 적용함을 제한했다고 학자들은 주장한다. 신앙의 유비를 적용한다는 것이 루터에게 있어서 의미한 바는 어떠한 해설로 성경의 중심 메시지와 모순이 되는 어떤 한 교훈이 결과로 나타난다면 그 해석은 올바르지 않다는 것이었다.

종교개혁 이후의 시대에 있어서 그 개념은 교회의 중요한 모든 교리를 나타내는 데 사용하게 되었다. 즉 그러한 교리는 교리문답 전반과 세례 및 입교를 위한 교육 과정에서 강조되고 있다. 신학자들은 이러한 기본 교훈이 담겨진 분명한 구절을 분류한 일람표를 준비하였다. 그리하여 분류된 일람표는 불분명하고 논쟁의 대상이 되는 구절을 조정하는 데 사용되게 되었다. 신앙의 유비 원리는 성경 연구자로 하여금 분명치 않은 구절을 연관이 있는 구절 하나하나—같은 주제를 취급하는 분명한 구절—를 지적하여 설명하게 한다.

물론 성경 안에는 분명한 구절과 직접 관계가 없는 불분명한 구절이 많이 있다. 그래서 이 원리는 모든 경우에 있어서 도움이 되는 것은 아니다. 그러나 그럼에도 불구하고 이 원리는 가치가 있다. 예로 모든 사람이 구원받는 것은 아니라는 진리가 마태복음 24장 36-51절에 있다. 그러므로 이 교리가 계시록에 있는 14만 4천 명만 구원받는다는 이상한 내용을 증명하는 기본적인 밑받침이 되어서는 안 된다. 이와 비슷한 것으로서 고린도전서 15장 29절은 난해하고 불분명한 구절이다. 그리고 물론 교회에서 실행하고 있는 대리 세례의 교리를 위해서 사용되어서는 안 된다. 세례에 대한 더 분명한 구절이 있기 때문이다.

성경 연구의 역사는 기독교인들이 이 원리를 종종 잘못 사용한 경향이 있음을 보여주고 있다. 이러한 잘못은 기독교인들이 비교적 적은 부분의 분명하고 기본적인 구절에 몰두하고 성경의 나머지 부분에 대해 소홀하게 연구할 때 나타날 수 있다. 기독교인들이 교리문답과 분명한 구절에 대하여 쓴 책에 몰두하면서 성경을 펴서 더 연구를 하지 않을 때 더 심각한 문제가 있다.

신앙의 유비 원리는 다음과 같은 신학자들에 의해서 잘못될 수 있다. 즉 성경의 두 구절이 모순되는 진리를 말하는 것 같이 보이는 경우, 그 구절들은 올바르게 해석할 수 없다고 주장하는 신학자들에 의해서이다. 예를 들면 성경은 그리스도가 육신의 모습으로 승천하셨다고 가르치고 있으므로 그리스도의 몸은 제단의 성찬에 실제로 임재할 수 없다고 생각하는 것이다. 그러나 성경은 그리스도가 육신으로 승천하셨다고 분명히 가르치는 것같이 성찬에도 주님의 몸과 피가 실제로(우리는 "성례전적으로"라고도 한다) 임재함을 확증한다. 두 구절이 서로 분명하게 모순이 될 때 성경 연구자는 좋은 해석학적 원리를 가지고 두 구절을 해석하여야만 한다. 그래도 모순점이 풀리지 않으면 그것을 그대로 놓아두어야 한다.

성경의 유비

성경의 유비는 성경의 책들은 서로 모순되지 않는다는 중요한 원리로 인도한다. 이 원리는 그것을 모든 성경의 절 혹은 각각의 구절에 적용할 수 있는 포괄적인 원리로 만드는 것 보다는 상기에서 설명한 신앙의 유비에 제한하는 편이 좋다. 성경은 여러 가지 형태의 모순되는 내용을 가지고 있는 것이 사실이다. 예를 들어서 혹자는 율법과 복음이 성경의 메시지 안에서 모순된다고 지적한다. 예수님은 진리를 역설적으로 종종 말씀하셨다. 바울과 야고보는 서로 반대되는 내용을 말했다. 그러나 둘 다 올바르게 이해하면 모두 진리이다. 어떠한 경우에는 역사적 사실들이 다른 설명으로 보고되고 있다(갈 3:17을 창 12:4, 21:5, 25:26, 47:9과 비교하라. 창 28:18과 35:15을, 삼하 24:9과 대상 21:5을, 그리고 왕상 4:26과 대하 9:25을, 마 20:29과 눅 18:35을 각각 비교하라).

성경의 유비와 관련하여 기억할 중요한 신학적 원리는 하나님의 말씀은 그 천명한 목적–예수 그리스도를 통하여 믿음으로 구원을 받는다고 인간에게 가르치는 것–을 이루는 데 있어서는 조금도 모순되지 않는다는 사실이다. 성경의 모든 말씀은 참되고 신뢰할 수 있는 내용이다. 모순이 실제적으로 있는 경우나 적합지 않은 해석으로 해서 모순이 있는 것같이 보이는 경우에 기독교 성경 연구자는 "예"와 "아니오" 둘 중 어느 것인지 성령의 진리를 찾는다.

한 예로 예수님이 한때 "내가 세상에 화평을 주러 온 줄로 생각지 말라. 화평이 아니요 검을 주러 왔노라"(마 10:34)고 말씀하셨다. 다른 때는 "평안을 너희에게 끼치노니 곧 나의 평안을 너희에게 주노라"(요 14:27)고 말씀하셨다. 바울은 "그러므로 사람이 의롭다 하심을 얻는 것은 율법의 행위에 있지 않고 믿음으로 되는 줄 우리가 인정하노라"(롬 3:28)고 썼다. 그러나 야고보는 "이로 보건대 사람이 행함으로 의롭다 하심을 받고 믿음으로만 아니니라"(약 2:24)고 같은 하나님의 영으로 감동을 받아썼다. 이 모두는 하나님의 말씀이다.

점진적인 계시

성경 안에 있는 모순에 대하여 논의할 때 고려해야 할 중요한 점은 성경이 점진적 계시인가 혹은 누진적 계시인가 하는 여부이다. 이 두 형용사는 잘못 사용되어 왔으며 나쁜 평판을 받아왔다. 그러나 이 두 형용사가 성경의 기본적 성격을 올바르게 묘사하는 데 사용될 수 있다. 몇몇 신학자들은 그들의 신념을 표현하려고 "점진적 계시"의 사상을 사용한다. 즉 그들의 신앙은 성경적 종교가 순수한 범신론에서 유일신론의 고차적인 이해로 점진적인 과정을 거친 완전한 진화론적 발전이라고 한다. 점진적 계시란 용어를 본 책에서는 합리적이고 인본주의적 의미로 사용하지 않는다. 본 연구에서 점진적 계시는 그리스도 시대 이전에 하나님께서 영적 진리를 인간에게 부분적으로 계시하셨으나 적당한 형태로 보여주셨음을 말하는 것이다(갈 4:1-7; 히 1:1-2). 예수 그리스도는 구약성경에 있는 하나님의 계시를 성취하셨기 때문에 실제적인 의미에서 신약성경은 새롭고 더 충만한 계시이다.

이 사실은 신약성경 안에는 많은 구절들이 구약성경에 있는 교훈과 모순되게 보이거나 그 교훈을 무효화시키는 것 같이 보이는 구절들을 우리가 이해하는 데 도움이 된다. 그러므로 마가복음 10장 2-9절에서 예수님은 신명기 24장 1-4절에 있는 율법을 제거하신다. 이 구절은 왜 옛 규칙이 예수님의 더 깊고 더 영적인 해석의 입장으로 바뀌어야 하는지를 보여준다. 갈라디아서에서 사도 바울은 구약성경의 율법을 "그리스도가 올 때까지"(갈 3:24-25)의 하나님의 백성의 몽학

선생이었다고 말한다. 그러나 바울은 예수 그리스도의 은혜 안에 있는 더 위대한 빛과 영광을 보았다. 산상 설교에 나타난 구약성경의 율법에 대한 주님의 입장도 이와 같음을 반영한다.

그러나 성경 연구자는 구약성경의 계시 안에는 점진성과 누진성이 있음을 역시 기억해야만 한다. 오실 구세주에 대한 예언들은 이스라엘의 역사가 흘러감에 따라서 더욱 분명하고 정확하게 되었다(메시아적 예언에 대해 충분한 토의를 한 제5장을 보라). 이스라엘 백성은 인간을 위한 하나님의 뜻을 더 분명히 이해했던 것처럼 보인다. 솔로몬의 시대의 다신 숭배는 그 후 왕들에 의해서 수행되지 않았다. "눈에는 눈"이라는 율법은 미가의 "공의를 행하고 인자를 사랑하라"(미 6:8)는 마지막 요약된 원리로 대치되었다.

신·구약성경의 관계성

신·구약성경 간의 관계성에 대한 질문은 매우 자세히 논의할 수도 있다. 이 문제에 관하여 성경 연구자들은 대개가 공통적으로 세 가지 잘못을 범해 왔다. 첫 번째, 구약성경은 기독교 교회에 대하여 언급한 것이 거의 없거나 아주 없다고 주장하는 것이다(1세기 기독교인들에게 있었던 영지주의로 어느 면에서 현재 해석자들에게도 있다). 두 번째는 신구약성경 모두 동등하게 중요하고 동등한 권위가 있다고 한다(율법주의적). 그러므로 예수 그리스도가 가져온 새로운 권위를 부정하는 것이다. 세 번째(주후 150년 경 활발했던 저스틴 마르티아[Justin Martyr])는 구약성경의 단 몇 구절만이 현재 기독교인에게 가치가 있다고 주장한다. 이 셋째 그룹은 메시아적인 예언들과 몇 개의 도덕적 이야기들만을 흔히 선택한다.

신·구약 성경의 관계성은 다음의 짧은 이행(二行) 시구에 잘 표현되어 있다.

> "새것은 옛것 안에 감추어져 있고
> 옛것은 새것 안에서 나타난다."

이 내용은 성경 연구자가 일반적으로 생각할 때 신약성경의 구절들을 최종적인 대답으로 간주하라고 제언하는 것이다. 그러므로 먹는 것과 예배하는 날에 대한 구약성경의 규칙들은 이러한 주제에 대한 신약성경의 교훈에 합당한 길을 주고 있다. 그러나 이 시 구절은 역시 구약성경을 연구하는 것이 중요하다는 점을 말하는 것이다. 우리 주님의 생애와 사업에 대해서는 구약성경의 빛에서 연구될 때 더 위대한 깨달음이 있다. 히브리인에게 보낸 편지와 사도 바울이 갈라디아인과 로마인에게 보낸 편지 그리고 계시록 등은 구약성경에 익숙한 연구자만이 올바르게 이해할 수 있다.

의도된 의미

오늘 성경 연구에 대하여 널리 토론되고 있는 원리는 성령께서 성경의 말씀과 내용에 의도하신 것은 단지 하나의 의미라고 하는 것이다. 우의적으로 해석하는 사람들은 이 원리를 반대하였고 매 단어마다에서 두세 개의 의미를 찾았다. 그들은 성경으로 하여금 자신들이 원하는 내용을 말하게 하였다. 오늘에는 이 원리가 성경 구절의 자의적(字意的)인 의미와 비유적인 의미에 대한 논의에 영향을 끼치고 있다.

이 원리가 과거에는 어떠한 문학적 작품에도 적용되었음을 주목해야 한다. 저자는 독자들이 그 글을 이해하도록 쓰는 것이고 반대할 좋은 이유가 없는 한 저자는 저자 심중에 있는 취지를 독자들이 파악할 수 있는 방법으로 낱말을 사용한다. 그러나 낱말들의 정확하고 의도된 의미는 우리 대부분이 인정하는 것보다 그대로의 뜻을 파악하기가 어려움을 현대 철학자들이 우리에게 상기시켜 준다. 이러한 사실을 실험하기 위하여 다섯 사람에게 성경에서 흔히 쓰는 "거룩"이란 낱말을 물어 보자. 특별히 당신이 다섯 사람에게 모호한 일반적인 정의보다 구체적인 것을 요구한다면 당신은 상이한 다섯 개의 정의를 모름지기 받게 될 것이다. 아마도 그 다섯 개의 정의 중 하나도 당신이 내린 정의와 정확하게 맞는 것이 없을 것이다.

"낱말들은 내가 원하는 뜻을 나타내야지 그 이상도 혹은 그 이하가 되어서도 안 된다"고 한 유명한 소설가가 말했다. 이것은 지나친 말인지 모르나 성경 연구자가 명심해야 할 진리를 지적하는 것이다. 성경 연구자는 저자의 전체 사상 체계를 통해서 낱말들을 정의하는 일을 배워야만 한다. 자의적인 의미와 비유적인 의미를 구별하는 일도 단어가 뜻하는 기능적인 면에서 이 개념을 고려해야 한다.

이러한 생각을 염두에 두고, 특별한 성경 구절이 자의적인 의미를 가진 것인지 혹은 하나님께서 우리에게 비유적으로 이해하도록 의도하셨는지를 결정하는 일이 성경 연구자에게 언제나 쉬운 일은 아니라는 점을 기억하여야 한다. 예를 들어서, 양식에 있어서 예언적인 것 혹은 비유적인 것이 있는

가를 살펴야 한다. 저자가 우리에게 그 낱말을 다른 뜻으로 혹은 비유적으로 썼다고 하는 특별한 암시를 나타내지 않는 한 우리는 낱말들의 "일상적이고 본질적인 의미"를 파악하는 것이 한 구절을 자의적으로 혹은 비유적으로 쓰였는지를 결정하는 데 있어서 따라야 할 규칙이다. 예를 들면 성경을 읽는 독자는 창세기 22장 7-8절의 양은 어린양으로 생각을 한다. 그러나 요한복음 1장 29-36절과 요한계시록 22장 1-3절에는 분명히 의도된 뜻이 있으므로 그 뜻을 파악할 수 있다.

그러나 저자가 자의적인 의미가 아니고 비유적인 의미를 나타낼 때는 낱말의 단순하고 구체적인 의미는 본래의 낱말의 뜻과 거리가 멀 수 있다. 언어의 어떤 것은 쉽게 파악되는 반면에 다른 것은 조심스럽게 연구하고 실행해 본 후에야 그 뜻을 깨닫게 될 수 있다. 아모스 4장 1절에 있는 "바산의 암소들"은 이 지역을 유명하게 한 소 같은 동물을 의미하기보다 욕심 많은 남자들의 부인을 말하는 것이다. 비유적인 언어의 형식으로 된 것 중에 더 쉽게 이해할 수 있는 것은 비유와 묵시적인 환상이다.

성경 연구자가 쉽게 이해할 수 없는 성경 기자가 사용한 많은 다른 문학 양식들이 있다. 성경해석 분야에 있어서 어떤 책은 총 400페이지 중 150페이지를 성경에 있는 문학적인 양식과 비유에 대한 논의로 할애한 것도 있다. 그러나 본 장에서는 적은 지면만을 할애하였다. 상대적으로 볼 때 덜 논의하는 것이 된다.

은유는 성경 기자가 묘사하는 연설의 흔한 양식이다. 아마 독자들은 다른 어떤 양식보다 더 친근할 것으로 안다(눅 8:21; 22:31-34). 은유의 다른 형태는 하나님을 인간의 경험과 감정을 나타내는 용어로 묘사할 때 사용된다. 이 은유들은 신인동형동성설(神人同形同性說)(신 4:34, 5:15; 시 44:3) 혹은 신인동형론(시 95:10; 히 3:10; 창 6:1-8)으로 불리어진다. 은유론에서 사물의 이름은 다른 것을 나타낸다. 왜냐하면 그 둘이 일반적으로 연결되어 있기 때문이다. 그러므로 신약성경에 나오는 "모세"는 성경의 첫 다섯 책을 때때로 뜻한다(눅 16:29).

학자들은 성경 특히 구약성경 안에 있는 문학 양식에 대하여 계속적으로 검토하고 있다. 이방종교 문헌들을 새로 발견함으로써 이러한 검토가 시작되었다. 현재 성경 해석에 있어서 가장 논의가 많은 문제 중의 하나는 "신화"라고 불리는 문학 양식의 한 형태에 집중되어 있다. 이방 종교에서 신화는 하나의 이야기를 의미한다. 그 이야기는 허구든지 역사적인 사실이든지 간에 이야기하는 사람 판단에는 기본적이고 변하지 않는 진리를 나타내는 목적으로 이야기하는 것이다. 이러한 견지에서 볼 때 호머의 시는 신들에 대한 신화로 가득 차 있는 것이다. 이러한 이야기를 해석함에 있어서, 우리는 강조점을 신들의 습관이나 행위에 대한 것보다 오히려 시인이 전달하고자 했던 진리에 두어야 한다.

많은 성경학자들은 신화에 대한 이러한 자의적인 면에서 볼 때 성경의 일부분이 신화적이라고 확신한다. 창세기 1-11장이 그 예로서 자주 인용된다. 영감받은 이 이야기들 가운데 있는 하나님의 목적은 실제적으로 일어난 자세한 사실들보다 하나님 자신과 인간에 대한 근본적인 진리들을 가르치는 데 있다고 학자들은 믿었다. 만약 창세기 1-11장과 성경의 다른 부분들도 신화이며 아마도 모든 것이 구체적인 부분까지 역사적 사실이 아니라면, 기독교인들은 성경에 기록된 어떠한 사건도—우리 주님의 죽음과 부활에 대한 설명까지 포함하여—역사적 사건이라고 믿을 수 없을 것이라고 어떤 학자들은 항의한다.

독자들은 다음의 사실을 기억하면 이 문제에 대한 이해에 도움이 될 것이다. 첫째, 하나님의 영은 근본적인 진리를 가르치기 위하여 역사적인 형식으로 비역사적인 자료를 종종 사용하였다는 사실이다. 선한 사마리아인의 비유가 한 예이다. 둘째, 그러나 해석자가 본문을 비역사적이라고 생각하기 전에 본문의 신화적 성격의 가능성을 지적하는 분명한 지시나 실마리가 있어야 한다. 수난 설화는 이와 같은 "신화 표징"이 완전히 결여되어 있다. 그래서 성경 어느 곳에 신화가 있다면 아마도 성경은 모두 신화적인 것이라는 식의 주장을 독자는 심각하게 받아들여야 할 필요가 없다. "신화적"이야기가 전체 혹은 부분적으로 역사적 사실일 수도 있음을 기억하라.

문학적 양식이나 비유에 대한 올바른 조사는 합당한 해석을 위해서 중요하고 성경의 각 구절이나 단어의 의도된 의미는 하나라는 원리를 보존하는 데도 중요하다. 한 낱말이 비유로 사용되었을 때도 그 낱말의 뜻은 하나이다. 예수님께서 자신을 비유적으로 일컬어 문(요 10:7)이라 하였을 때 "문"이란 단어는 "지나감" 혹은 "출입의 수단"의 뜻이 있다. 이 원리를 이해하는 데 실패하거나, 이 원리를 올바르게 사용하는 데 실패함은 비전문적이거나 전문적인 성경 해석자를 막론하고 모두에 의해서 저질러질 수 있는 흔한 실수이다.

요 약

본 장에서는 성경의 독특한 본성과 관련된 더 중요한 원리들에 대하여 논의하였다. 성령의 감동은 성경이 주어진 목적을 이해하는 것이 중요하다는 입장에서 강조되었다. 중심이 되시는 예수 그리스도와 복음과 이들에 대한 성경의 관련을 다루었다. 해석자의 합당한 태도를 설명하였다. 이것은 다음과 같은 원리를 설명함으로써 발전되었다. 그 원리는 성경은 명확하고, 성경 자체가 해석자이며, 성경은 그 자체가 서로 모순되지 않으며 하나님에 의하여 의도된 뜻은 하나라는 내용이다. 본 장은 문학 양식과 비유를 분별함이 중요하다고 강조함으로 끝을 맺었다.

복습문제

1. 사도 바울은 디모데후서 3장 14-16절에서 성경의 목적에 대하여 무엇이라 말하는가? 그 구절이 해석학의 좋은 원리를 만드는 데 어떤 공헌을 하는가?

2. 성경의 주된 메시지는 무엇인가? 이 중심 메시지는 루터의 은혜로만, 믿음으로만, 성경으로만 이란 표어와 어떻게 관련되는가?

3. 성경을 해석하는 데 있어서 성령의 역할은 무엇인가? 어떻게 몇몇 사람들은 선생의 역할을 하는 성령에 대한 교리를 잘못 해석하는가?

4. 왜 해석자의 태도가 중요한가? 합당한 태도를 어떻게 당신은 정의하겠는가?

5. "성경은 그 자체가 해석자이다"라는 말은 무슨 의미인가? 어떤 면에서 이런 규칙이 잘못 이해될 수 있는가?

6. "신앙의 유비"를 정의하고 성경 해석에 있어서 이것의 역할을 말하라.

7. "성경의 유비"를 정의하고 이 원리가 해석하는 데 왜 중요한지를 말하라.

8. "성경 본문의 의도된 의미는 하나이다"라는 뜻이 무엇인가? 어떻게 중세기의 우의적인 해석자들은 이 원리를 무시했는가?

04장

성경 해석의 일반적인 원리

본 장에서는 성경 해석의 일반적인 원리를 다루려고 한다. 여기서 다루는 원리를 일반적이라고 하는 이유는 비성경적인 문학작품을 해석하는 데도 이 원리를 적용할 수 있기 때문이다. 앞의 장에서 취급한 원리들은 사실 성경의 독특한 본성과 목적을 기반으로 한 것이었다. 본 일반적인 원리들을 성경 연구에 응용되는 면에서 취급할 것이다.

본문

문자로 기록된 어떤 형태의 문서이든지 그것을 해석하는 첫 단계는 그 문서를 기록한 저자의 본래 언어를 파악하는 것이다. 고대 문서 기록들의 대부분은 필사되고 또 필사되어 전수되었기 때문에 본문에 있어서 상당한 변화가 있다. 고대에 성경을 기록하는 데도 역시 이와 같은 일이 있었다. 현재 발굴되어 보존된 고대 성경의 사본이 수천 종류가 되는데 그 사본에도 상이한 점들이 수없이 많이 있는 것이 사실이다.

이렇게 셀 수 없이 많은 차이점이 있음에도 불구하고 성경학자들은 그 많은 구절들 중에서 올바른 본문을 가려낼 수 있다고 확신한다. 학자들은 본문 비평의 기술을 조심스럽게 사용함으로써 올바른 결론에 도달하는 것이다. 그 방법을 이 작은 책에서 논의할 수는 없지만 그 방법은 과학적이고 신뢰할 수 있음을 여기서 밝힐 수 있다.

어떤 경우에 있어서는 본문 비평가들이 본래 낱말에 대하여 일치하지 못하고 논쟁하는 것도 있다. 새롭게 번역된 성경의 난외에 본문 비평가들이 모두 동의하지 못한 주요 구절을 적어 놓고 있다.[1] 예로 미국 표준 개역성서(RSV) 마태복음 12장 46-48절, 21장 43-45절, 로마서 5장 1-2절과 영어 새번역성경(NEB) 마태복음 12장 41절(NEB 편집자의 결론을 보

1) 역자 보충 : 한글로 된 성경 개역, 새번역, 공동번역에 모두 본문 비평의 흔적이 있음. 개역성경 마태복음 18장 3절과 15절을 보라. 새번역성경은 부록으로 사본 고증이 있고, 공동번역도 마태복음 19장 29절과 마태복음 21장 28절 등을 참고하라.

라), 사도행전 5장 30절, 갈라디아서 2장 4-5절을 보라. 본문 비평에 익숙치 못한 성경 독자는 신뢰할 수 있는 성경에 의존하는 편이 좋다.

해석의 문학적 원리

문법과 문학 양식

성경의 본래 언어를 공부하는 성경 연구자는 본래 언어의 문법을 연구하고 분석하는 데 많은 시간을 쓴다. 문법 자체는 저자가 낱말과 문장을 연결시키는 규칙이나 원리들을 밝혀줌으로써 그것을 읽는 독자들이 저자의 의도를 파악할 수 있게 한다. 헬라어는 문법적인 구별에 있어서 특별히 복잡하다. 구약성경의 언어인 히브리어는 세밀하지 못하다. 이 언어는 동양 혹은 동방 사고방식과 연결되어 있다. 즉 그 사고방식은 지적인 심각성이 덜하고 오히려 신비와 마음의 표시에 더 민감하다.

본문 비평에서의 어려움이 있었던 것과 마찬가지로 자국어로 연구하는 사람은 자국어 표준 성경에 의지하여 연구할 수 있다.[2] 그러나 연구자가 명심할 일은 히브리어와 헬라어의 문법적인 구조와 표현에서 자국어로 정확하게 번역하는 일이 쉽지 않다는 점이다. 번역된 여러 성경을 비교하여 보면, 훌륭한 번역자는 성경 본래의 감각을 살리기 위해서 같은 구절을 여러 가지 다른 형태로 어떻게 번역했는지를 알 수 있다. 예로 고린도전서 10장 17절을 여러 가지로 번역한 것을 보자.

개역 성경 : "떡이 하나요 많은 우리가 한 몸이니 이는 우리가 다 한 떡에 참여함이라."

새 번역 성경 : "떡이 하나이므로 우리가 여럿일지라도 한 몸입니다. 그것은 우리가 다 한 떡덩이에 함께 참여하였기 때문입니다."

공동 번역 성경 : "빵은 하나이고 우리 모두가 그 한 덩어리의 빵을 나누어 먹는 사람들이니 비록 우리가 여럿이지만 모두 한 몸인 것입니다."

여러 번역 성경을 비교해 봄으로써 번역에 따라 차이가 있음을 알게 된다. 이러한 경우 연구자는 본래 본문에는 어떻게 되어 있는지에 대해서 주석책을 참고할 수 있다. 주어

---

2) 본문에는 영어로 쓰는 사람은 영어 성경을 의지해서 쓰라고 했음.

진 본문의 본래 의미와 의도—그것들은 꼭 파악되어야만 한다—는 문법적인 형식에 의해서보다 그 이상의 것에 의해서 역시 결정된다. 생활 언어는 흔히 형식화된 문법이나 문법적인 분석에 종속되어 그 의미를 나타내는 것이 아니라 그 양식(style)에 의해서 그 의미를 나타낸다. "문자적"인 번역이 본래 의미를 완전히 전하지 못한다는 이유가 이것이다.

언어의 관용법

성경 연구자는 성경에 있는 낱말 하나하나를 연구하는 데 시간을 많이 사용하는 것이 좋다. 이유는 개개 낱말들은 하나님께서 의도하신 의미를 운반해 주는 화물차이기 때문이다. 낱말을 연구하는 데 있어 가장 중요한 것은 성경의 본래 언어를 직접 연구하는 것이다. 그러나 원어를 직접 연구할 수 없는 연구자는 자국어로 된 여러 가지 번역 성경으로 그 낱말을 연구할 수 있다.

여러 가지 번역성경으로 연구해야 하는 첫째 이유는 오래된 흠정역(KJV)은 번역된 지 수세기가 지나 낱말의 뜻이 바뀐 것들이 있어서 낱말 중에 많은 것이 원 독자가 이해하던 내용과는 달리 이해되어 그 의미에 차이가 있기 때문이다. 한 예로 헬라어의 *episcopos*라는 낱말은 "감독"이란 뜻인데 신약성경 안에서의 "감독"이란 단어는 지역 교회에서 목사의 기능을 수행하는 장로들이나 돌보는 사람에 대하여 사용되었다. 오늘에 있어서 그 낱말은 종교적인 권위나 교회를 다스리는 힘을 가진 사람을 묘사할 때 사용된다.

더욱이 성경 연구자가 여러 가지 번역 성경을 대조하여 보면 성경 학자들이 성경이 본래 씌어진 헬라어나 히브리어로 연구하여 얻어진 서로 다른 의미가 있음을 알게 된다. 성경 연구자는 제7장에서 설명할 성경 낱말 사전과도 역시 익숙해지게 될 수 있다.

가장 중요한 일은 성경 연구자가 성경을 수년 동안 연구하여 낱말의 뜻을 찾아 스스로 기록하는 것이다. 그 과정은 뼈를 깎는 아픔이 있으나 가치 있는 일이다. 그리고 그러한 기술은 매우 단순하다.

예로 "왕국"이란 중요한 낱말을 하나 들어 보자. 그 낱말을 발견할 수 있는 모든 구절이 나열되어 있는 성구사전(concordance)에서 찾는 일로 시작하라. 가장 도움이 될 만한 구절들을 선택하라. 열쇠가 되는 중요한 구절을 종이 왼쪽에 기록하고 오른쪽에는 그 낱말의 뜻을 간단하게 줄여서 기록하라. 그리고 당신이 분석한 자료에 근거하여 성경에 있는

"왕국"이란 낱말의 의미를 짧게 요약(50-500단어)하라. 저자에 따라서 구절을 분류하여 모으는 일도 좋은 방법이다. 왜냐하면 한 저자의 낱말 사용 방법이 다른 저자의 그것과 다르기 때문이다.

맥락(컨텍스트)

문법과 개개 낱말을 연구하는 일이 의도된 의미를 결정하는 데 사전이 필수불가결한 것이라고 할지라도 그 참된 의미는 그 삶의 자리와 전후 관계에서 낱말과 구절들과 절과 문단을 연구할 때만 얻어진다. 이것을 컨텍스트 원리(context principle)라고 한다. 본래의 컨텍스트를 무시하고 저자나 연설자의 말을 인용하는 일은 매우 위험한 짓이다.

성경 연구자가 명심할 네 가지 컨텍스트 원리가 있다. 첫째, 그 낱말의 바로 전에 있는 내용과 바로 다음에 나오는 내용과 관계를 살피는 일이다. 새로 번역된 성경들은 성경 자료를 본래 저자가 생각한 사상의 단위로 나누었다. 새로 번역된 성경의 구분이 도움이 된다. 왜냐하면 성경의 장, 절은 성경 연구자에게 도움이 되기보다는 혼란을 초래할 수 있기 때문이다. 예를 들면 이사야 53장을 연구하려면 이사야 52장

13절부터 시작해야만 하다. 창세기 3장 15절을 해석하려면 2장 1절부터 소급해서 살펴보아야 한다.

둘째, 그 구절이 나타난 전체 책이나 편지를 중심으로 연구하는 것이다. 만약 야고보서 2장 18-24절을 그 책의 컨텍스트에서 떼어 내어 그 뜻을 찾는다면, 이 일은 성경에 있는 다른 책에서 분명하게 가르치는 내용과 직접 모순이 되는 일인 "공로에 의한 구원"을 가르치는 듯이 보인다. 그러나 야고보서 전체와 관련지어 연구하여 보면 야고보는 신앙에 대한 오해를 지적하고 예수를 믿는 신앙은 신자의 모든 관계와 경험에 적용됨을 보여주는 것이다.

셋째, 한 저자가 쓴 모든 책의 내용과 관련지어서 연구하는 것이다. 로마서 9-11장에 있는 사도 바울의 사상을 철저히 연구하려면—성경 주석가들이 로마서의 중심이라고 생각하는 부분—성경 연구자들은 역사에 있어서 하나님의 목적과 이스라엘의 운명 그리고 예수 그리스도가 주는 삶의 새로움에 대한 사도 바울의 사상을 파악하지 않으면 안 된다. 성경 연구자는 사도 바울이 쓴 모든 편지를 폭넓게 읽음으로써 그러한 통찰력을 얻게 된다.

넷째, 성경 전체에 관련하여 연구하는 것이다. 성경 연구자는 성경에 주어진 하나님의 목적과 성경의 주요 주제, 복음의 개념, 신앙과 성경의 유비 등을 파악하여 그것과 관련하여 연구한 후 의미를 찾아내는 일이다.

관주 참고[3)]

성경의 관주를 사용하는 것은 역시 컨텍스트에 대한 논의에 속한다. 관주는 몇 가지 원칙에 따라서 성경 편집자가 선정한 것이다. 만일 같은 중심 낱말이 있는 곳이 있다면 그 구절과 관련하여 적어 놓는다. 그리고 같은 낱말이 없다고 할지라도 일반적으로 같은 주제가 있다면 그 절을 적어 놓는다. 어떤 사람들은 자신들의 판단에 따라서 해석한 구절에 대하여 관주를 넣는 이도 있다. 관주-낱말 연구와 같이-는 문단을 연구하는 데 도움이 된다.

성경 해석에 있어서 역사적 고찰의 중요성은 종교개혁 이래 꾸준히 인식이 증가되었다. 현대에 와서는 그것이 일반화되었다.

---

3) 개역성경 중 관주 성경이 있다. 즉 성경의 윗단과 가운데 비슷한 혹은 같은 단어가 성경의 다른 부분에 있는 것을 적어 놓은 것이다. 본문에서는 Cross -References라고 되어 있다.

해석의 역사적 원리

역사적인 원리는 두 가지 일반적인 형태가 있다. 한 형태는 한 책이 언제, 어디서, 왜, 누구에게, 누구에 의해 씌어졌는지에 대한 질문이다. 두 번째 형태는 일반적으로 역사가가 묻고 대답하려고 시도하는 형식의 질문이다. 이 형태는 원인과 결과(무엇이 그 바람을 정말 잔잔하게 했는가? 왜 백성들은 그들이 한 행위에 대하여 그렇게 반응을 보였는가?)와 인간사(人間事)에 하나님이 개입하시는 가능성 및 본성과, 한 사건이 발생했을 때 그 사건이 백성들에게 무슨 의미가 있었는가 하는 뜻과, 역사 기록의 본성이 무엇인가 하는 질문들이 포함되어 있다. 누구도 첫 번째 형태의 질문의 가치에 대하여 의문을 품는 사람은 없다. 그러나 두 번째 형태의 질문에 대하여 많은 기독교인들이 혼란을 느끼고 있다. 역사 비평 원리인 첫 번째 형태의 질문은 자료를 조심스럽게 연구하면 저자나 원래 독자에 대한 질문에 해답을 줄 수가 있다. 성경 연구자이면 누구나 성경에 있는 각 책의 저자를 알고 싶어한다. 왜냐하면 구약성경의 역사책(사무엘상·하; 열왕기상·하; 역대상·하; 에스라; 느헤미야; 에스더; 욥)과 신약성경에서 적어도 한 책(히브리서)은 이 질문에 대하여 대답할 수 없기 때문이다. 이와 같은 경우들에 있어서, 할 수 있는 최선의 방법은 그 책을 만들어 낼 수도 있는 개인 혹은 집단의 종류를 검토하여 재구성하는 것이다(예로 루터는 아폴로[Apollos]가 히브리서의 저자일지도 모른다고 제안했다).

역사와 문화

다음으로 원래 독자 혹은 청중의 그때 상황과 요구가 무엇이었는지 가능한 한 전체적으로 그리고 정확하게 복원해 보는 것이 중요하다. 이 일은 매우 실질적이고 어려운 단계이다. 왜냐하면 성경 연구자가 첫째로 할 작업은 맨 처음 독자들에게 즉 "그때 거기서" 그 말씀이 의미한 내용을 배우는 일이기 때문이다. 예언서의 약간과 사도 바울의 서신 대부분에 있어서는 이러한 작업이 매우 쉬운 편이다. 이유는 그 책 자체에 그러한 정보가 포함되어 있기 때문이다.

본래의 상황을 복원함에 있어서 성경 연구자들은 성경, 지리, 역사, 문화에 대하여 광범위하게 터득해야 한다. 연구자는 이상의 분야에 대하여 연구할 때 주석책에 흩어져 있는 지식을 주워 모을 것이 아니라 해당 분야의 책을 읽는 편이 바람직하다.

역사의 한 기간 동안의 지식에 대한 중요성이 다음에서 얼마나 중요한지 잘 나타난다. 하나님이 그의 충만하심을 예수 안에 머물게 하였다(골 1:19-2:9)고 사도 바울이 기록하였을 때 사도 바울의 말이 현재 우리에게 주는 의미보다 골로새 교인들에게 더 큰 의미가 있었다. "충만함"이란 헬라어는 헬라 종교 교사들에 의해서 매우 전문적인 낱말로 사용되었다. 즉 헬라 세계에서는 "충만함"을 타락한 인간의 육체와 전혀 관계되지 않고, 최고이며 인간이 전혀 이룰 수 없는 신을 묘사할 때 사용하였다. 사실 바울은 다음과 같이 말했다. "하나님께서는(나사렛 예수의 육신을 통하여) 성육신하심으로써 그의 모든 충만하심과 능력과 인격을 모든 사람에게 유효하게 하셨다." 이 구절에서 나타난 영적인 풍부함은 골로새 문화와 종교에 대한 지식을 가진 사람만이 전체적으로 이해할 수 있는 것이다.

역사적 해석

앞에서 이미 언급했듯이 "그때, 거기서"의 의미를 파악하기란 쉬운 일이 아니다. 솔직히 말해서 종종 우리는 "그때, 거기서"의 참 의미를 파악하지 못할 때가 있다. 왜냐하면 본문 자체가 분명하지 않거나, 역사와 문화에 대한 지식이 충분하지 않기 때문이다. 그러나 이 단계는 본문을 현시대에 적용하는 데 근본적인 역할을 한다.

연구자는 자기 자신의 삶에 있어서의 의미를 결정하기 전에 본문에 대한 "편견"을 갖도록 언제나 유혹을 받는다. 예를 들면 "그는 흥하여야 하고 나는 쇠하여야 한다"(요 3:30)고 세례 요한이 말하였다. 버나드 램(Bernard Ramm)은 이 구절의 직접적인 해석(그때, 거기서의 의미)으로는 우리 주님이 백성들에게서 인기가 올라감에 따라서 세례 요한은 인기가 내려가야만 한다는 뜻이라고 했다. 예를 들어서 이러한 해석을 우리 생활에 적용한다면, 우리의 계획들, 프로그램들, 자신의 흥미들은 모두 그리스도를 위한 헌신에 양보하여야만 한다.

시편 110편은 이와 똑같은 원리를 나타내는 데 사용되곤 한다. 이 시편은 동방의 통치자가 대관식을 할 때 읽히거나 노래로 불려지는 시와 흡사하다. 그래서 성경학자들은 시편 110편이 그러한 일과 관련되어 사용되었음을 확신한다. 이것은 이스라엘 백성이 감사를 드리도록 하는 면을 나타내는 것일지도 모른다. 이유는 하나님께서 이스라엘 백성에 대한 약속을 지키셨고 그들의 종교적, 민족적 독립과 힘을 하나님의 왕권을 통하여 보존케 하셨으며, 그 왕권은 하나님에 의하여

기름 부음 받았고 다른 선택된 후보에 의해서 계승되었기 때문이다. 아마도 이것이 시편 110편의 그때 거기에서의 뜻이고 이 시를 첫 번으로 들은 독자들이 거의 다 그렇게 느꼈을 것이다.

그러나 시편들과 구약성경에 있는 다른 책에 있는 많은 구절들은 하나님께서 장차 세우실 미래의 왕과 왕국에 대하여 언급하고 있다. 이러한 예언들은 위대한 기름 부음 받은 (기름 부음 받은—메시아) 왕에 대한 사상에 집중된다. 그 왕은 앞에 있던 모든 왕들의 선한 업적 중에 절정이 될 것이며, 이스라엘을 영광 중에 다스릴 것이다. 시편 110편을 다음과 같이 사용한다. 즉 장차 올 왕의 약속은 다윗 족속의 후손으로 오며 그에게서 가장 위대하고 최종적인 성취가 이루어지며, 그는 죽음과 지옥을 정복했으며, 지금 그는 메시아적 영광 중에 그의 백성을 다스리고 있다고 신약성경은 분명히 밝히고 있다.

해석과 적용

이미 제안한 대로, 해석과 적용을 구별하는 일이 매우 중요하다. 해석은 하나님의 영이 본문을 통해서 의도한 뜻을 파악하는 것이다. 이 뜻은 단 하나일 수밖에 없다(제3장을 보라). 앞에서 언급했듯이 어떤 구절의 본래의 뜻이 후대에게 더 이상 직접적으로 아무 말도 해주지 않는 것이 있는가 하면(예로 고전 10장을 다시 보라) 어떤 구절은 의미의 적용이 꼭 필요하다(요 3:30 비교).

관습과 이해와 욕구가 변함에 따라서 교회 역사가 계속 이어지는 동안에 특별한 구절들은 여러 가지 적용이 있을 수 있다. 이러한 경우는 특별히 시편들에 있어서 영감 받은 시적 구절의 대부분에 있어서도 사실이다. 그러나 연구자가 적용한 내용이 하나님께서 의도한 뜻에 모순되어서는 절대로 안 된다는 사실을 기억해야 한다.

예로, 고린도전서 11장 2-10절의 적용은 여자는 교회 안에서 너울을 써야 한다는 것이 보편적인 율법이 아니다. 과거에는 바울의 이 말을 그렇게 해석했다. 그러나 바울의 교훈은 그의 시대의 관습에는 효력이 있었다. 이유는 여인들이 공식석상에 너울을 쓰지 않고 참석하면 무례한 짓으로 간주되었기 때문이다.

역사 기록의 성격

해석과 관련된 역사적 고찰에 대하여 본 항에서 취급함에 있어서 저자들이 역사를 어떻게 기록하였는가 하는 복잡한 문제에 대하여 몇 마디 언급하려 한다. 성경의 기자들이 그들의 역사를 기록하는 방법은 그들 시대의 영감 받지 않은 사람들이 역사를 기록하듯이 그들도 역사를 그런 방법으로 기록했다고 현대 성경학자들은 동의한다. 역사 기록의 몇 가지 성격들은 주목할 가치가 있다.

첫째, 역사를 기록한 모든 성경 기자들은 자신들이 받은 영감으로 해석한 기록 혹은 구전 자료들을 가지고 있었다는 사실이다. 누가복음 1장 1-4절은 이 사실에 대해 분명히 설명하고 있다(삼하 1:18; 왕상 14:19; 왕하 8:23; 대하 9:29을 보라). 출애굽기와 신명기에 있는 같은 내용의 구절을 비교하여 보면 신명기는 출애굽기에서 강조하는 것과 상이함을 발견할 수 있다. 이유는 각 책이 쓰여질 때 그 백성들의 욕구가 달랐기 때문이다(예. 출 20:8-12과 신 5:12-16, 그리고 출 23:14-17과 신 16:1-17, 두 책의 상이점과 유사점을 주목하라).

복음서를 비교하여 연구하여 보면 각각의 저자마다 예수님에 대한 기록과 말씀의 큰 자료 창고로부터 그의 이야기를 선택하였음을 알 수 있다. 처음에 있는 세 복음서의 내용에 대한 대조표를 볼 때 영감받은 저자들은 같은 이야기를 다른 순서로 짜서 자신들의 복음서를 만들었음을 알 수 있다. 같은 자료를 다른 방법으로 취급한 것을 연구하는 것이 매우 중요하다. 왜냐하면 유사점과 상이점의 형태가 한 문단 혹은 그 책을 합당하게 해석하는 데 중요한 실마리를 제공하기 때문이다.

둘째, 모든 역사 기록에는 역사가 자신의 감정과 흥미가 나타나 있는 것이 특징이다. 즉 역사가의 느낌과 흥미가 그의 책에 나타나며 그 자신의 처한 입장에서 대부분의 저자는 역사를 발전시켜 간다. 이것은 일반 역사가나 하나님으로부터 영감 받은 역사가에 있어서나 동일하다. 예를 들면, 각 복음서의 저자들 각자는 예수 그리스도와 예수의 복음에 대한 자신들의 특별한 입장을 제시했음이 오래 전부터 밝혀진 일이다. 마태는 예수님이 구약성경의 성취임을 보여주기 위해 기록하였고 반면에 누가는 그분이 세상의 구세주이며 이방인과 짓밟힌 자들의 친구임을 강조하였다. 요한은 예수님이 하나님의 아들임을 하나님으로부터 영감을 받아 분명히 밝히고 있다. 그의 복음의 내용과 강조점은 그 복음의 특별한 목적 때문에 다른 복음의 내용과 강조점에서 많은 차이가 있다.

각 복음서의 저자의 입장과 목적을 살펴볼 때 그들의 다양한 설명이 모순이나 잘못이 없음을 알 수 있다. 오히려 어떠한 역사가라 할지라도 자신들의 특별하고 제한된 입장을 떠나서 어떤 사건이나 행위를 완전히 객관적인 태도로 기록하기란 불가능하다는 사실을 나타내고 있다. 분명한 것은 성령께서는 인간 행위의 이러한 기본 법칙을 피하지 않으셨다는 점이다.

그러므로 성경 연구자는 올바른 해석을 하려면 "역사"책이라고 할지라도 그 책의 신학적 주제와 일반적 목적을 잘 이해하는 것이 필요하다. 제1장에서 지적한 대로 저자와 그의 책의 인간적 성격을 이해하는 것이 하나님의 영감을 의심케 하는 것은 아니다. 역사적 원리에 대한 본항의 확대 토의는 학자들이 현재 모두 합의하지 못한 심오한 철학적 질문에 관심이 있는 독자까지도 포함된다.

요 약

본 장에서는 어떠한 문학 작품을 연구할 때라도 일반적으로 사용하는 해석의 원리에 대하여 논의하였고 이를 성경 연구에 특별히 적용하였다. 본문 비평의 필요성이 강조되었고 본성이 설명되었다. 그리고 히브리어 혹은 헬라어에서 자국어로 번역하는 데 어려움이 많음을 예로 들었다. 그 후 컨텍스트에 대한 네 가지 원칙에 따른 해석에 대하여 논의하였다. 본 장은 자의적인 해석을 하는 데 역사적 원리가 중요함에 관심을 기울였다. 한 책의 저작 시대, 장소, 이유, 저자, 수신자를 결정하는 것이 중요하다고 자세히 논의하였다. "그때, 거기서"의 의미를 파악하고 이 의미와 이것을 적용하는 데는 다양한 방법이 있음을 지적하였다. 마지막으로 성경에 있는 역사 기록의 본성과 영감 받은 저자들이 사용한 자료에 대하여 언급하였다.

복습문제

1. 신학적인 원리(제3장)와 일반적인 원리(제4장)를 구별하여라.

2. 왜 성경 해석에 있어서 문법의 기본적인 규칙을 이해함이 중요한지 말하라.

3. 한 낱말을 연구하는 단계를 요약하여 설명하라.

4. 컨텍스트의 네 가지 단계가 무엇을 뜻하는지 설명하라.

5. 오늘 성경 연구자가 성경에 대하여 묻는 역사적 질문의 두 형태를 구분하여라.

6. 한 구절의 "그때 거기서"의 의미가 무엇을 뜻하는가? 본문의 의도된 의미를 결정하는데 "그때, 거기서"의 의미를 찾아내는 원리가 어떻게 작용하는가?

7. 의미와 적용을 본 책에서 사용된 용어로 정확하게 구별하여라. "하나의 의미"의 원리는 무엇인가?

8. 성경에 있는 역사 기록의 본성에 대하여 중요한 점을 요약하라. 이러한 지식이 해석자에게 어떻게 도움이 되는가?

05장

구약성경의 해석

본 장에서는 구약성경의 주요한 부분을 해석하는 데 필요한 특별한 원리에 대하여 논의하고자 한다. 제 3,4장에서는 신구약성경에 적용할 수 있는 "신학적," "일반적" 원리를 취급하였다. 이러한 원리를 사용할 것을 본 장에서는 이미 전제하였다.

제5장과 6장을 구별함은 구약성경과 신약성경을 분명하게 구별하라는 제안은 아니다. 더욱이 신·구약성경을 해석하는데 원리를 구분하여 사용하라는 말은 더욱 아니다. 5장과 6장으로 구분한 것은 독자들이 이미 연구하여 온 원리들을 적용하는 데 도움을 주기 위함이고, 신·구약성경 각각에 있는 자료의 넓은 분야를 해석하는 데 몇 가지 새로운 원리를 적용하기 위함이다.

구약성경의 기본목적

구약성경은 하나님께서 자신을 위하여 한 백성, 즉 이스라엘의 후손을 선택하시어 심판하시고 구원하시는 위대한 행위의 이야기이다. 그리고 하나님은 그들이 죄를 범하고 반복하여 반항함에도 불구하고 자신의 선택한 백성으로 이스라엘 민족을 지키시어 온 인류에게 하나님이 계약하신 약속이 보존되어 있음과, 그 약속이 세상의 구세주이시며 사람의 아들 예수이신 다윗의 자손 그리스도 안에서 성취될 것을 나타낸다. 이 신학적인 목적이 구약성경에 있는 모든 책에 명시되어 있다.

출애굽기 19장 1-6절이 구약성경을 합당하게 해석하는 데 열쇠가 된다. 그 일부분은 다음과 같다. "세계가 다 내게 속하였나니 너희가 내 말을 잘 듣고 내 언약을 지키면 너희는 열국 중에서 내 소유가 되겠고 너희가 내게 대하여 제사장 나라가 되며 거룩한 백성이 되리라"(5절).

사도 베드로는 하나님께서 그의 교회−그리스도를 따르는 자들−를 위한 목적을 신약성경에서 구약의 말씀과 거의 같은 말로 요약했다. "오직 너희는 택하신 족속이요 왕 같은 제사장들이요 거룩한 나라요 그의 소유된 백성이니 이는 너희를 어두운데서 불러내어 그의 기이한 빛에 들어가게 하신 자의 아름다운 덕을 선전하게 하려 하심이라"(벧전 2:9). 이 베드로의 말씀은 신·구약성경의 신학적인 통일과 두 성경을 같이 연구하여야 함이 얼마나 중요한 지 알게 한다.

역사적 구절의 해석

위에서 인용한 두 구절은 성경 연구자가 명심해야 할 두 가지 사실을 지적한다. 첫째, 역사적인 책들(비역사적인 책 안에 있는 역사적인 부분)이 많은 신학적인 정보를 가지고 있다는 사실이다. 그 내용들이 다음과 같은 하나님의 행위를 독자들에게 말해 준다. 즉 세상에서의 하나님의 목적과 하나님이 그의 피조물에게 기대하시는 응답 등을 말해 준다. 누구나 구약성경을 연구하여 보면 하나님은 매우 실제적이고 인격적인 방법으로 사람을 만난다는 것을 알 수 있다. 독자는 하나님께서 자신의 모든 약속을 성취시킴을 알게 되고 감사하게 된다. 독자는 역시 하나님께서 죄에 대하여는 분노를 나타내시고 죄인에 대하여서는 큰 사랑과 긍휼을 베푸심을 알게 된다. 독자는 구약성경의 역사가 계속 움직이고 있으며 하나님께서 그 역사를 신약성경의 시대를 향해 끊임없이 이끌어 가신다는 사실을 알게 된다. 독자는 또한 이스라엘의 역사가 이스라엘 자체의 역사임을 알게 된다. 이것은 먼 옛날 망각된 때 일어난 것이 아니다.

위에서 인용한 두 구절에서 두 번째로 얻는 통찰은 다음과 같다. 즉 역사 안에 있는 하나님의 전체적인 목적인 언제나 그리고 어디에서나 하나님이 거하시며, 하나님께 찬양을 돌리는 선택한 백성을 어느 곳에든지 보존하시는 데 있다는 사실이다. 다른 말로 하면, 성경의 메시지는 하나님의 백성을 향하여 있는 것이다. 그 백성은 다른 사람들과의 관계 속에 살고 있는 백성이다. 그리고 성경의 메시지는 하나님의 백성이 하나님과의 계약과 신앙의 관계를 맺어 존속됨에 관심을 모으고 있다. 말하자면 현재 성경을 연구하는 우리는 과거의 하나님의 백성과 연결되어 있는 것이다.

구약성경의 역사는 어떻게 기록되었는가

제4장에서는 성경의 역사 기록의 성격에 대하여 논의되었다. 여기서 지적할 것은 독자가 어느 사건이 발생한 그대로 정확하게 발생된 모든 것을 알듯이 그렇게 완전하게 전체적

인 사건을 묘사하여 기록된 역사는 없다는 점이다. 히스기야 왕의 통치에 대한 기록을 간단히 연구하여 보면 이러한 중요한 점이 잘 나타난다. 그의 경력이 열왕기하 18-20장과 역대하 29-32장에 기록되어 있다. 역대하의 강조점은 히스기야가 이스라엘 예배를 개혁하고, 성전을 다시 열고, 우상 숭배를 금하고, 성전 제정을 개혁한 데 두고 있다. 앗수르인의 파괴에 대하여는 22절의 분량으로 매우 간단하게 언급되었다. 열왕기하에서의 설명은 한 절로 히스기야의 개혁 업적을 줄이고 반면에 앗수르의 침입이 18장 13절-19장 37절에 걸쳐서 자세히 기록되어 있다.

분명히 드러나는 점은 각각의 저자가 왕의 통치 경력에서 다른 사건을 선택하고 다른 사건을 강조함으로써 서로 다른 교훈을 가르치고 있다는 점이다. 역대기 기자는 예배의식의 개혁에 관심을 많이 가지고 있는 반면에 열왕기 기자는 다른 고통에 처해 있는 그의 독자들을 위로하고 용기를 주기 위하여 기적적인 하나님의 행위에 강조점을 두고 있다. 성경 연구자는 역사책을 올바로 해석하기 위하여 특별한 역사책의 신학적인 견해를 잘 알 필요가 있다.

성경 역사 기록에 대한 이러한 이해는 매우 중요하나, 성경 연구자는 흔히 성경의 어떤 부분에서 인간적이고 개인적인 면에서 이끌어낸 잘못된 결론에 미혹되지 않도록 조심하여야 한다. 예를 들면, 어떤 이가 히스기야의 이러한 두 가지 전기를 지적하면서 열왕기상과 역대기하의 책이 저자들의 견해에 맞추기 위한 내용을 가지고 있다고 논쟁할 것이다. 그러나 이 결론을 각 저자가 히스기야 왕의 통치 기록을 확실히 선택적으로 서술했다는 사실에서 나온 것은 아니다. 뿐만 아니라 두 가지 설명이 일치하지 않는다는 단순한 사실 때문에 그 어느 쪽에 잘못이 있다고 할 수는 없다.

가장 중요한 원리는 성경 연구자가 만일 지적으로 그리고 합당하게 성경을 연구하려 한다면, 각 책이 왜 쓰여졌는지에 대하여 분명하게 이해할 필요성이 있다는 점이다. 이 정보는 성경 개론의 많은 책에 나와 있다. 이 개론 책은 성경 연구자들이 각 책의 목적, 주제, 내용을 파악하도록 돕고 있다.

이와 관련하여, 성경 연구자는 성경의 역사뿐만 아니라 구약성경 시대에 하나님의 백성이 접촉했던 주위의 여러 민족의 역사와 문화를 이해함이 중요하다는 사실이 다시 강조되어야 한다. 이러한 목적을 위해 배경 설명을 해 주는 책은 제7장에서 언급하겠다. 지리(地理)에 대한 지식은 구약성경에 있는 역사책에 하나님이 자신을 계시한 것을 통하여 하나님의 진리를 배우고자 열망하는 학생들에게는 가치있는 것이다.

예언적인 구절의 해석

구약성경의 예언적인 구절을 해석하는 작업은 가장 복잡하고 어려운 과제이다. 여기에서는 단지 일반적인 안내와 원리들을 제안할 뿐이다.

예언자의 목적과 기능은 성경에 분명하게 나타나 있다. 예언자는 하나님께서 그를 대변인으로 부르신 것이다. 예언자들은 경고의 말과 약속의 말을 했다. 하나님께서는 꿈이나 환상 혹은 다른 방법을 통하여 예언자들에게 심판과 구원을 말씀하셨고, 예언자들은 하나님의 메시지에 의지하여 백성들에게 전하였다. 예언자의 주된 목적은 백성들로 하여금 신실되고 하나님의 뜻에 따르는 생활을 하도록 권고하고 격려하는 것이었다. "이스라엘아, 네 하나님 만나기를 준비하라"(암 4:12)고 아모스가 외칠 때 그는 예언자의 소명을 잘 나타낸 것이다.

예언자들이 예언적인 직능을 수행하는 동안 미래의 사건을 때때로 말하기도 하나, 당시 백성들의 욕구와 문제에 대하여 직접적으로 말한 것이 흔한 일이었다. 어느 경우에든지 예언자의 메시지는 하나님에 의해 의도된 것으로서 회개와 사랑과 순종하라는 점이다. 미래 사건에 대한 예언도 같은 목적을 가졌다.

예언적 구절의 합당한 해석은 매우 실제적이고 도움이 될 것이다. 종종 일반 사람들은 예언자를 미래 사건에 대하여 "알고"있는 것으로 잘못 알고 있다. 이러한 접근은—천년 왕국설을 주장하는 그룹에서 주장하듯이—하나님이 의도한 메시지와 교훈을 흔히 잃기 쉽다. 다음과 같은 안내를 명심할 때 그 의도된 메시지를 더욱더 깊이 파악할 수 있게 될 것이다.

자의적(字意的)인 의미

제3장에서 논의했듯이 성경의 예언은 단 하나의 의도된 뜻만을 가질 수 있다. 이 의도된 뜻 혹은 하나의 의미는—의도된 혹은 영적인 뜻이 자의적인 의미와 많은 차이가 있다 할지라도—원어의 낱말이 가지고 있는 자의적인 의미를 자세히 연구한 결과에 기반을 두고 있다. 이 자의적인 의미는 낱말과 문법에 대하여 그리고 예언자와 그의 청중 혹은 독자의

역사적 상황을 자세하게 연구함으로써 파악될 수 있다. 역사적이고 지리적인 인유(引喩)의 의미(합 1:6-11; 습 2:8-9을 보라)와 상(像)과 관습(미 4:1-2; 욥 5을 보라)의 의미는—만약 그것들이 현 시대 적용을 위한 기초로서 사용할 수 있다면—을 바르게 이해되어야 한다.

많은 해석자들이 자의적이고 본래적인 의미에 대하여는 거의 관심을 갖고 있지 않다. 그러므로 그들이 어떤 본문을 마음대로 해석할 수 있다는 것은 놀라운 일이 아니다. 세계 제2차 대전 동안에 한 예를 든다면, 그 시대 성경 연구자들은 666(계 13:11-18)이라는 숫자가 히틀러를 지적했다고 믿었다. 다른 사람들은 스탈린의 통치를 예언한 것이라고 생각했다. 이상의 두 예에서 성경을 해석하는 두 그룹 모두 본문에 대한 자의적인 의미를 연구하는 데 게을리 했으며, 본문의 역사적인 상황을 고려하지 않았다.

어떠한 예언적인 본문에서는 낱말의 자의적인 의미가 의도된 뜻이 된다. 예를 들면, 예레미야 46장 25-28절에서 야곱과 이스라엘은 "그때 거기서"와 같이 하나님의 백성으로 자의적인 해석을 할 수 있다(렘 36; 애 1-5; 사 27-28장을 역시 보라). 그러나 이사야서 60장을 보면 거기에서는 자의적인 의미가 의도된 뜻이 아니다. 그 이유에 대하여는 다음의 항목에서 설명하겠다.

비유적인 의미

성경 연구자의 상당한 그룹이 예언적인 본문의 자의적인 의미를 그 본문의 단 하나의 의미로 취한다. 예로서, 그들은 예레미야 31장 1-14절을 팔레스타인 땅에서 유다 민족의 실제적인 복원을 말하고 있다고 주장한다. 이러한 자의적 해석에 있어서의 어려움은 이 본문이 그때는 이스라엘과 유대 민족의 실제적인 재건과 지리적으로 예루살렘에서 성전 예배 전체를 복원할 것을 요구하는 것이다.

그러나 신약성경에서는 예수님은 성전 예배의 재건을 반대하셨고(요 4:16-26) 이 의견은 사도 바울에 의해서 강하게 옹호되었다(엡 2:1-22). 더욱이 신약성경에 있는 새 계약(렘 31:31-34)에는 모든 백성을 포함하고 있다고 분명히 가르치고 있다(고전 11:25; 요 3:16-21; 엡 2:11-22). 그래서 하나님의 그 예언자는 이스라엘 백성을 영적 이스라엘의 상징으로 분명히 사용하고 있었음에 틀림없다.

그러므로 많은 예언적 본문의 의도된 의미는 실제 낱말의 자의적 혹은 표면적인 뜻과 동일하지 않다. 여기에서 야기되는 어려움은 하나님께서 의도하신 뜻이 자의적인지 혹은 비유적이거나 비자의적인지를 결정짓는 일이다. 그리스도가 지상에서 천년간 통치하신다(계 20:2)는 구절에 대한 긴 세월의 논쟁이 이 어려움을 모두 보여주고 있다. 한편에서는 이 구절을 자의적으로 해석해야 한다고 주장하고, 다른 편에서는 천년 왕국설은 성경 어느 곳에도 분명히 가르치는 곳(locus classicus)이 없다고 주장한다. 시편 90편 4절과 베드로후서 3장 8절은 "천년"이 성경 어느 곳에서도 자의적으로 언제나 해석되지 않았음을 보여준다.

구약성경에 많이 언급된 구절들로서 유다 나라의 회복, 예루살렘의 회복, 성전의 회복 등은 비유적으로 해석되어야 한다고 로마 가톨릭과 개신교의 대부분 해석자들은 주장하고 있다. 그들은 신약성경에서 기독교인을 하나님의 새로 선택한 백성으로 혹은 새 성전으로 언급한 말씀에 근거를 두고 있다. 나머지 다른 해석자들은 로마서 11장 25-32절과 같은 신약성경의 구절과 구약성경에 언급된 예루살렘, 유다와 성전의 회복 등을 자의적으로 해석해야 한다고 주장한다.

독자들은 이러한 난제 때문에 좌절하는가? 첫째로 독자들이 명심할 것은 종교적인 언어의 대부분은 상징적이어서 감히 자의적으로 해석해서는 안 된다는 것과 둘째, 독자 스스로가 제시된 원리에 기반을 두고 비유적으로 해석해야 할지 자의적으로 해석해야 할지를 결정할 책임이 있다는 것이다. 특별한 구절에 대한 판단은 충분하고 분명한 증거가 나타나서 판단될 때까지 유보할 필요성은 역시 있을 수 있다.

예언과 성취

구약성경의 몇 가지 예언들은 신약성경에서 이미 성취된 것으로서 특별히 언급되어 있다(시 41:9과 요 13:18; 사 7:14과 마 1:22-23; 미 5:2과 마 2:5-6 등). 이러한 경우에 있어서 연구자는 그 예언들의 의미를 찾는 연구를 중단하곤 한다. 그러나 이러한 경우라고 할지라도 유용한 구별은 직접적인 예언과 예형적인 예언으로 나누는 것이다.

직접적인 예언은 신약성경 시대 이전에는 언급된 바 없는 내용이며 신약성경 시대에 와서만 성취된 것이다. 미가 5장 2절이 이와 같은 예언의 예이다.

그러나 은 30량에 대한 예언은 독자가 스가랴 11장 1-14절에서 이것을 읽을 때 독자는 그것을 예언으로 인식하지 못한다. 은 30량을 지불한 것은 스가랴의 생명을 대신한 것이었다. 이러한 경우에 있어서 마태(27:9, 10)—성령에 의해 영감받은—는 이 사건에서 스가랴는 예형임을 독자들로 하여금 알게 한다. 즉 어느 날 은 30량에 팔리게 될 위대한 목자에 대한 예형임을 알게 한다. 이 상징적인 혹은 예형론적인 예언이 얼마나 완전한가에 주목하라. 왜냐하면 은 30량은—유다의 후기 행동과 매우 유사하게도—회계에게 주어졌기 때문이다. 이 경우에 있어서 스가랴 시대의 사람들이 그의 이상한 행동에서 메시아적인 의미를 어느 정도나 알았는지는 알 길이 없다. 그러나 이 구절의 "그때 거기서"의 의미는 컨텍스트에서 분명하게 지적되어 있다.

이사야 7장 16절을 볼 때, 이사야 7장 14절은 사도 마태에 의해 기록된 위대한 성취 이전인 이사야 시대에 성취되었음을 알 수 있다. 그러므로 이것은 "실연된"(acted out) 혹은 예형론적인 예언이다. 신약성경은 성경 연구자로 하여금 사건의 예시된 요소와 메시아적인 요소를 이해하도록 한다(렘 31:15과 마 2:16-18; 호 11:1과 마 2:14-15을 보라).

신약성경의 설명에 직접적으로 연결되는 구약성경의 내용이나 행위가 있으나 성취된 예언으로 동일시되지 않는 것도 있다. 이와 같은 경우에 연구자는 신·구약성경 안에 있는 적절한 구절을 택하여 그 두 구절에 있는 공통된 요소가 약속과 성취의 관계를 충분히 맺고 있는지를 결정하기 위하여 자세히 비교해야만 한다. 바울과 베드로는 신약성경의 예표가 되는 구약성경의 예형의 많은 예에 대하여 언급하고 있다(갈 4:21-31; 고전 5:6-8; 롬 5:12-21; 벧전 2:9-10; 2:18-22). 히브리서는 구약성경에 대한 예형론적인 해석으로 가득 차 있다.

묵시적인 예언

신·구약성경 안에는 최근에 밝혀진 예언적 문서의 특별한 종류가 있다. 이를 일컬어 묵시문서라 한다. 묵시라는 말은 헬라어에서 유래되었으며 뜻은 "보여준다"이다. 신약성경의 마지막 책은 계시록 혹은 사도 요한의 묵시록으로 잘 알려져 있다.

구약성경에 있어서도 많은 묵시적인 구절들이 있다. 즉 이사야 24-27장, 요엘서, 스가랴 9-14장, 다니엘 7-12장 그리고 에스겔서이다. 신약성경에 있는 요한계시록은 대부분이 묵시적인 성격을 가지고 있다(4-22장). 이상의 구절들을 살펴본 결과로는, 묵시적인 저자들은 상(image)이나 상징을 사용하며 그들은 역사적인 장소, 사건, 사람에 대하여 언급한 구절들을 거의 쓰지 않음을 알 수 있다. 이상의 두 가지 특징에서 묵시적인 예언들은 일반적인 예언 구절들과 다름을 알 수 있다.

모든 다른 문학 양식과 같이 묵시문학도 특별한 요구와 특별한 목적을 달성하고자 하였다. 연구자가 묵시문학의 본성과 의미를 잘 알고 있다면 그 목적도 잘 이해할 수 있다. 묵시문학은 하나님의 백성들에게 세상 모든 것이 암흑과 같이 보이는 때에 그들에게 하나님을 확신케 하기 위하여 창작되었다. 즉 하나님은 대 변동을 통하여 세상의 역사를 끝나게 하실 수 있는 역사의 주관자이심을 보여주는 것이다. 그러므로 하나님께서는 그의 선택한 백성을 압제자에게서 구출하시며 그 백성을 완전하고 끝이 없는 세상으로 데려가신다. 하나님은 멸망의 시간을 정하셨고 하나님의 승리는 불가피하며 확실하다.

묵시문학 저자들은 이상한 상징과 환상과 신비스러운 언어로 세상 끝이 오기 전의 시간을 설명함으로써 이 신앙을 선포하였다(단 7:25, 9:24; 계 20:1-10). 묵시문학의 저자들이 이상한 상징들과 시간들을 사용한 것은 그들을 압제한 왕이나 황제가 앞으로 올 그들의 패배를 알지 못하도록 한 것이라고 학자들은 생각한다.

묵시문학을 올바로 해석하는 열쇠는 몇 가지 안 되며 단순하다. 그래서 그것을 올바로 사용함은 매우 어렵다. 첫째,

위에서 간단히 설명한 모든 묵시적 기록의 일반 목적과 신학을 명심할 것. 둘째, 상징과 상(像)이 원래 청중에게 무슨 뜻이었는지 파악하려고 노력할 것. 붉은 말은 전쟁을 상징했다(계 6:3). 흰 말은 흔히 무죄를 상징했다. 뿔은 힘의 상징이었다(계 13:11; 단 8:1-14). 물은—흥미 있는 것으로—늘 그런 것은 아니지만 때때로 악과 파괴를 상징했다(계 12:13-13:4, 그러나 22:1-2을 역시 보라). 셋째, 묵시적인 예언은 일반적인 예언이 자의적 혹은 비유적 해석을 필요로 하는 것과 반대로 언제나 비유적인 해석을 필요로 한다. 넷째, 묵시적인 구절에서 중요한 종교적 사상을 단독으로 혹은 그것을 주로 하여 추론해 내지 말 것(예는 천년왕국). 묵시적인 사상이 성경 다른 곳에 분명한 구절로 나타나 있지 않는 한 우리는 묵시적인 구절에 있는 교훈은 단지 작은 것으로 그리고 기독교 교리의 체계 안에서 불확실한 것으로 취급해야 한다.

기독론적 원칙

모든 성경 연구를 위한 기본 원리로서 예언과 묵시적 구절의 해석 원리가 되는 것은, 예수 그리스도와 하나님의 은혜와 사랑의 메시지가 모든 시대에 있어서 제일 먼저 지켜져야만 한다는 것이다. 베드로전서 1장 11절에서 이 원리를 분명히 밝히고 있다. "자기 속에 계신 그리스도의 영이 그 받으실 고난과 후에 얻으실 영광을 미리 증거하여 어느 시, 어떠한 때를 지시하시는지 상고하니라."

신약성경에서는 분명히 예수 그리스도의 인격과 사업이 구약성경을 올바로 해석할 수 있는 길을 열어 놓았다. 예수 그리스도는 모든 구약성경 예형들과 예표들의 속성이며 본체이다. 예수 그리스도는 구약성경과 계약과 하나님의 은혜의 중심이다. 예수 그리스도는 하나님의 모든 약속들의 중심이며 집결지이다(눅 24:13-27을 보라).

시의 해석

시는 구약성경에 있는 매우 흔한 문학 양식이다. 시편의 약 150편과 욥기(아마도 잠언) 등이 시의 성격을 가지고 있다. 히브리 시를 해석하기 위해서는 몇 가지 특별한 지침이 있어야 한다. 17-18세기가 되어서야 비로소 이 특별한 문학 양식이 알려지게 되었다(흠정역과 미국 개역 표준 성경에 있는 이사야서의 인쇄 형태를 비교하여 보라).[1)]

시는 그 자체의 형식과 힘을 가지고 있고, 사람의 감정을 사로잡는 데 특별히 적합하다. 시는 민감해야 하고 동정적이어야 하며 독자의 응답을 이끌어 내어야 한다.

히브리 시를 이해함이 성경 연구자에게 크게 도움이 될 것이다. 명심할 첫 번째는 히브리 시의 중심 되는 성격은 운(rhyme)과 운율(rhythm)의 균형보다는 사상과 운율(평행법)의 균형인 것이다. 평행법적으로 된 시의 구조는 첫째 행의 사상이 두 번째 행에서 흔히 반복됨을 볼 수 있다. 시편 144편 3절이 좋은 예이다. 이 구절에서 성경 연구자는 "사람의 아들"이 단순히 "사람"으로 반복됨을 볼 수 있다(동의적 평행법). 이것은 사람의 아들에 대한 간접적인 구절이 아니다(시 8:1-8, 147:1-4, 7-11; 잠 23:24; 사 32:1-5 등을 역시 보라).

잠언서를 연구하여 보면 첫 번째 사상이 두 번째 줄에서는 그 사상과 반대되는 사상으로 종종 나타남을 볼 수 있다(반의적 평행법). 이것이 히브리 평행법의 좋은 예이다. 히브리 시인은 그 외에도 5, 6개의 다른 형식을 사용하고 있다. 일반적으로 볼 때 시에 있어서 비유적인 의미는 자의적인 의

1) 개역 성경과 공동번역 성경에 있는 이사야서를 비교하여 보아도 그 인쇄 형태의 차이가 나타난다. 즉 공동번역서에는 시의 행과 연을 구별하여 썼다.

미보다 더 많이 나타난다. 그러나 이것은 시의 "그때 거기서"의 의미를 연구자가 추구하지 않아도 된다는 말이 아니다.

시편의 해석

시편을 해석함에 있어서 성경 연구자는 시의 저자와 저자의 상황을 먼저 파악하는 것과 같이 원래의 독자를 파악하는데 소홀해서는 안 된다. 제4장에서 이것은 "그때 거기서"의 의미라 불렀다. 많은 시편이 이러한 정보를 표제(heading)에서 나타내고 있다(시 90,[2] 60, 63, 52, 54, 47, 51 등을 보라). 그러므로 시편에 있는 역사적인 언급을 자세히 연구해야 한다. 예를 들어서, 시편의 많은 것들은 하나님께서 그의 선택한 백성을 애굽에서 구해내는 위대한 구출에 기반을 두고 있다(시 74, 77, 78, 105, 106 등). 또한 많은 시편들은 하나님의 위대한 은혜의 행위에 대한 감사와 감사 기도의 노래로 되어 있다.

특별히 메시아 시편을 올바로 연구하는 데 있어 역사적인 배경이 중요하다. 일반적으로 메시아적인 시로 인정받는 시편 16편은 확실히 다윗이 스올과 고난에서 구출되어 하나님

---

2) 시 90편에서 본문이 시작되기 전에 [하나님의 사람 모세의 기도]라고 한 것이 표제이다. 시 60편 표제를 보면 더 자세히 그 상황을 설명한다.

께 감사하여 지은 노래이다. 바울은 이 시편 중 10절을 사도행전 13장 35절에 인용하여 성경 연구자들이 이 16편에 예형론적으로 메시아 예언이 있다고 인정케 했다(시 24, 47, 97, 98, 99 등을 보라).

메시아적 시편을 연구함에 있어서 해석자의 최고의 안내자는 신약성경이다. 몇몇 신실한 성경 연구자들이 흔히 범하는 잘못은 많은 시편들이 메시아적이라고 결정하는 것이다(실제에 있어서는 아닐지라도). 그리고 "그때 거기서"의 의미에 더 이상의 주의를 기울이지 않는 것이다.

영감 받은 저자의 원수들에 대해 멸망을 간구하는 내용을 담은 소위 저주 시편(시 109, 139, 140, 52 등)은 그들 자신의 용어대로 이해되어야만 한다. 그것을 이사야, 미가 혹은 우리 주님의 아름다운 도덕적 교훈으로 판단하면 잘못을 범하는 일이다. 이와 같은 시편은 시인이 하나님께서 그분 앞에 서 있는 원수들을 들어서 던져버려 주기를 원하는 열망에서 나온 것으로 이해해야 한다. 기독교인은 그와 같은 거친 말을 사용해서는 안 되나 원수들이 하나님을 반대하려고 시도할 때 그들을 누르기 위해서 거친 말을 사용할 수도 있다.

요 약

본 장에서는 구약성경을 해석하는 데 특별히 도움이 되는 원리들에 대하여 논의하였다. 구약성경의 중심 주제는 하나님께서는 하나님을 위하여 찬양할 선택한 백성을 유지 보전하시는 의도와 목적을 강하게 강조하고 있는 것이다. 우리는 역사적 구절을 해석하는 데 있어서 저자의 견해를 이해하는 것이 매우 중요하다는 것도 논의하였다. 예언의 본성과 기능에 대하여 생각한 후 우리는 예언의 의미에 대하여 주목하였으며 하나님께서 의도한 그 의미는 하나이고 자의적 혹은 비유적인 의미 중 어느 하나를 가지고 있음을 연구하였으며 묵시적인 본문을 해석하는 것에 대하여 특별히 언급하였다. 그리고 본 장은 히브리 시를 해석하는 원리를 요약함으로 끝을 맺었다.

복습문제

1. 구약성경의 주제에 대하여 당신이 이해한 대로 요약하여라. 바로 구약성경의 이 주제가 신·구약성경 간의 관계를 짓는 데 어떠한 도움이 되는가?

2. 자의적인 의미와 비유적인 의미의 차이점을 설명하여라. 이상의 두

가지 의미를 잘못 해석한 예를 각각 하나씩 들어라.

3. 성경 안에는 상징적 사건이나 본문 혹은 예형론적인 사건이나 본문으로 어떤 것이 있는가? 메시아적 예언에 대한 위의 예를 들어라.

4. 묵시적인 예언이란 무엇인가?

5. 히브리 시에 대한 지식이 시편을 해석하는 데 어떠한 도움을 주는지 예를 들어라.

6. 이사야 52장을 비유적, 자의적, 또는 예형론적인 해석 중 어느 것으로 해석하여야 하는가? 또한 그 이유가 무엇인가?

06장

신약성경의 해석

신약성경의 기록을 연구하는 것이 대다수 기독교인들에게는 비교적 쉬운 연구일 것이다. 왜냐하면 신약성경의 문서는 기독교인에게는 구약성경의 문서보다 더 친근하기 때문이다. 그러나 그 주제가 더 친근하다 할지라도 해석을 위한 합당한 원리는 필요하다.

신약성경의 주제와 목적

본 연구의 첫 단계는 신약성경의 기본 주제를 분명히 이해하는 것이다. 이 문제는 말처럼 매우 단순한 것은 아니다. 왜냐하면 기본 주제에는 몇 가지 강조하는 점이 있기 때문이다. 신약성경의 모든 문서는 예수 그리스도의 인격과 사업에 집중되어 있다. 그 문서에서는 예수 그리스도가 다윗의 후손이며 하나님의 아들임을 분명히 하고 있고 예수 그리스도를 세상의 구세주로 인정하고 있다. 더욱이 하나님께서 모든 약속을 예수 그리스도 안에서 성취하셨고 모든 계획을 예수 그리스도 안에서 완성하셨음을 각 문서는 이런 방법 혹은 저런 식으로 선포하며 그 승리의 성취를 나타내고 있다. 이 진리는 신약성경의 기자들로 하여금 새 시대가 동터왔음을 강조케 하고 예수 그리스도가 만물을 새롭게 하셨음을 강조케 하였다(고후 5:17; 계 21:5).

성경 연구자가 신약성경에 있는 어떤 본문이든지 올바르게 다루려면 이 승리의 선포와, 이전의 것과는 전혀 새로운 선포를 이해하고 받아들일 필요가 있다. 구약성경과 마찬가지로 신약성경에서도 하나님의 계획은 예수 그리스도 안에서 새 이스라엘인 한 백성을 선택하시고 보존하신다는 점을 강조하고 있다(벧전 2:9). 그리고 마지막으로 신약성경은 기독교인이 예배와 봉사하는 일에 자원하여 기쁜 마음으로 나서고 있음을 보여주고 있다. 신약성경의 이러한 교훈을 연구하고 받아들이는 사람들은 특권과 감사의 마음을 가져야만 한다.

신약성경 시대의 역사

구약성경과 마찬가지로 신약성경도 하나의 역사책이다. 이것은 성경을 연구하는 데 여러 가지 면이 있음을 뜻한다. 이 말은 성경 연구자가 신약성경 시대의 세계 역사와 그때의 사람들을 알아야만 한다는 뜻이다. 성경 연구자는 예수의 생애와 신약성경 교회의 역사를 알 필요가 있다. 더욱이 성경 연구자는 신·구약성경의 중간시대에 있었던 성경 세계의 역사에 대하여 알아야만 한다(주전 400-주후 1).

하나님께서 나사렛 예수 안에 사람으로 세계 역사 안에 들어오셨음을 신약성경은 보도한다. 그분은 본디오 빌라도 치하에 십자가에 못 박힌 바로 그 인간의 삶과 죽음과 부활에 참여하시었다. 그리고 갈릴리와 유대 지방에서 일어난 일이 인류의 미래 역사를 완전히 바꾸어 놓았다고 보도한다. 기독교인의 신앙은 한 저자의 꿈과 환상이나 사상 체계에 근거한 것이 아니다. 그 신앙은 역사적 사건들에 근거한 것이다. 역사 안에 내린 이 뿌리는 기독교를 타 종교와 구별케 하는 근거이다.

신약성경 각 책의 역사

지면이 제한된 본 서에서 신약성경에 있는 모든 책이 어떻게 기록되었는지에 대한 것을 다 논의하기가 어렵다. 그래도 이 중요한 주제에 대하여 약간 언급해야만 하겠다. 예수님이 승천한 후 약 20년이 지나기까지는 그의 추종자들은 그들 자신의 독특한 책을 갖지 못하였다. 그들은 유대인과 함께 구약 성경을 공동으로 사용하였다. 기독교인의 첫 번째 책은 갈라디아 교회에 보낸 바울의 편지(몇 학자들에 의하면 주후 49년에 썼다고 함)와 데살로니가 교회에 보낸 바울의 두 개의 편지이다(주후 51). 이 기간 동안에 예수님에 대한 설교가 행하여 졌고, 기독교인들은 예수님의 생애에 대한 짧은 얘기를 그들끼리 주고받았으며, 이 이야기를 들으려고 하는 비기독교인들에게도 전해 주었다. 이 설교의 내용에 대한 개략이 사도행전 2장 14-36절, 3장 11-26절, 4장 8-12절, 10장 34-43절에 나타나 있다.

설교의 내용은 매우 간단했다. 베드로의 설교들은 토론이나 위협의 형식으로 되어 있지 않았다. 베드로는 하나님께서 예수 그리스도 안에서 행하신 위대한 행위에 대한 소식인 복음을 단순하게 선포하였다. 베드로는 승리를 얻은 왕의 사신

(헬라어 kerux)이 그 승리를 선포하는 기능을 한 것이다. 그러므로 이 선언 혹은 선포를 "케리그마"(kerygma)라고 부르는 것이다. 그리고 설교와 교훈의 이러한 형태를 "케리그마적"(kerygmatic)이라고 한다. 복음에 대한 구두 전달의 이 시기에 예수님에 대한 많은 이야기가 구두로 혹은 간단한 기록의 형태로 퍼지고 있었다. 이러한 이야기들이 사도적인 케리그마를 확정케 했고 예증해 주었다.

첫 번째 기록된 복음서는 아마도 주후 60-65년 사이에 준비된 것이다. 복음서 기자들은 확실히 이러한 구전 이야기들을 사용하도록 하나님의 영으로부터 영감받았다. 즉 이러한 구전 이야기들은 초대교회 어디에나 유포되어 있었고, 뿐만 아니라 복음서 기자들은 자신들의 정보와 해석도 함께 사용하였다. 주후 49년에서 62년 혹은 63년 사이에 쓰여진 바울의 편지는 그 편지의 수신자들이 예수님 생애의 사건들에 대하여 이미 알고 있는 듯이 쓰고 있다. 바울은 실제에 있어서 예수님의 생애를 자세하게 언급하지 않고 있다(고전 11:23-25, 15:1-7을 보라). 바울은 사도적인 케리그마를 간단하게 말하였고, 부활하신 그리스도를 따른 자들에게 이 케리그마가 어떠한 의미가 있는지에 대하여 설명하였다. 요한의 복음서(그의 서신과 계시록을 포함하여)는 아마도 90년 이전에는 쓰여지지 않았을 것이다.

적어도 공관복음서(마태, 마가, 누가복음서)는 30여 년 동안 혹은 그 복음서들이 전도자들에 의해서 기록되기 전까지, 구전 형태로 교회에 유포되었던 예수님에 대한 짧은 이야기를 수집하여서 복음서를 편집하였다는 사실을 현대 성경 연구는 분명히 하고 있다. 그 외의 많은 이야기는 전혀 기록되지 않았다(요 21:25). 각 저자들은 자기의 목적에 가장 잘 맞는 설명과 말씀을 발췌하였다(눅 1:1-4).

공관복음서의 성격과 구조에 대한 이 통찰은 세계 제1차 대전 이후 독일에서 일어난 양식비평 학파에 의해서 나타나게 되었다. 그 학파는 많은 사람들에게 나쁘다는 인상을 남겨 놓았다. 왜냐하면 양식비평 학파의 초기 때 따르던 몇 사람이 공관복음서 안에 있는 예수님의 생애가 정확하지 않으며 신뢰할 수 없다고 논쟁했으며, 영감 받은 저자들은 전혀 상상력이 없이 그저 자료를 "모아 잘라서" 편집한 자들이었다고 하였다. 즉 예수의 인격과 사업에 관한 저자 자신들의 견해만을 증명하기 위해 짧은 이야기들을 기계적으로 약간 조심성 없이 잘라 붙였을 뿐이라고 주장했기 때문에 양식비평 학파는 악평을 들었다.

이 책에서는 그러한 급진적인 결론은 받아들이지 않는다.

그러나 복음서가 어떻게 만들어졌는지에 대한 이론은 받아들인다. 이 이론(과학적으로 증명되지 않은 이론)은 공관복음서 안에 있는 많은 유사점과 차이점에 대하여 설명해 주고 성경 연구자들에게 많은 도움을 주고 있음이 증명되었다.

통일성과 다양성

복음서 기자들은 "예수가 누구인가" 하는 질문에 대한 그들의 대답에서는 완전하게 일치한다. 그 대답은 "당신은 하나님께서 약속하신 메시아이신 그리스도이십니다"이다. 그러나 그 복음서 기자들은 각기 그리스도를 서로 다른 입장에서 보며 그리스도의 생애와 사업의 의미에 대하여 주목할 만큼 다른 그림을 보여주고 있다. 저자들은 각자의 견해와 그들 자신의 개인적인 확신에서 기록하였다. 왜냐하면 특별한 청중과 목적 그리고 저자 자신들의 독특한 스타일 때문이었다. 성경 연구자들은 신약성경을 올바르게 해석하고 제자들의 여러 가지 내용을 연구함으로써 가장 위대한 영적 유익을 얻기 위하여 각 복음서의 목적과 주제를 잘 이해함이 필요하다.

복음서의 내용을 비교하여 연구한 하나의 예만을 들어보기로 하자. 공관복음서의 태반은 매우 흡사하다. 그러나 마태복음서의 처음 두 장과 누가복음의 처음 두 장은 서로 완전히 상이하다. 다른 한편 마가복음은 예수님의 탄생 기사와 어린 시절의 내용을 모두 삭제하였다. 마태복음과 누가복음의 제3장은 마가복음 제1장과 내용이 상통된다.

이렇게 차이점이 있는 저자들의 입장에 대하여 무엇이라고 말할 수 있는가? 한 가지 확실한 점이 있다. 마가는 복음서의 내용을 예수님의 공생애부터 시작하기로 결정하였고 반면에 마태와 누가는 자신들이 복음서를 구성하는 데 예수님의 탄생과 어린 시절이 중요하다고 느낀 것이다. 마태가 예수님의 어린 시절 이야기를 포함한 이유는 그 안에 네 가지 예언의 성취가 있기 때문이다. 마태는 예수님이 약속된 메시아임을 강조하길 원하였다. 의사이며 역사가로 불리어진 누가는 예수님의 탄생과 로마 역사를 아마도 연결시키려고 한 것 같다(눅 2:1-2, 또한 1:1-4에 있는 그의 역사적 기록을 보라).

누가는 첫 두 장에서 네 개의 아름다운 노래를 기록하였다—아마 누가가 시인이었기 때문일 것이며, 혹은 그가 데오빌로에게(행 1:1) 기독교인들이 그들의 예배에서 사용하는 찬송들의 본성과 전체 의미를 설명하기 원했던 이유일 것이다. 복음서의 이러한 비교 연구로 인해서 복음서의 조화가 매우 유익함을 알 수 있다. 이와 같은 책에서는 예수님의 네 가지 전기를 나란히 대조하여 인쇄하였기 때문에 연구자는 한눈에 그 유사성과 상이점을 파악할 수 있다.

역사적 예수에 대한 탐구

네 복음서에 대한 오늘의 해석의 대부분은 "역사적 예수"와 "신앙의 그리스도"를 유용하게 구별하는 작업이다. 이러한 구별은 때때로 매우 전문적인 연구에 기반을 두고 있고, 주석가들로 하여금 조심성 없는 결론으로 치닫게 할지라도, 그 구별의 좋은 면과 도움이 되는 연구에 대하여 말할 필요가 있다.

이러한 용어 표시들은 성경 연구자들이 네 복음서는 역사적 예수의 전기를 일기 쓰듯이 매일매일 기록한 것이 아니라 오히려 복음서 기자들과 초대 교회의 다른 그리스도인들의 케리그마적 고백이었다는 그들의 신념을 표현할 때 쓰여졌다. "신앙의 그리스도"란 용어는 이러한 성경학자들이 복음서에 있는 예수의 생애와 사업에 대한 많은 내용은 초대 기독교인들의 예수에 대한 믿음이 무엇인지 보여주려는 의도로 기록된 것이라는 그 학자들의 확신을 나타내기 위하여 표현한 용어이다. 그 내용들은 예수님이 실제적으로 말씀했거나 행하신 것을 사진같이 정확하게 찍어 그 내용을 보여주는 것으로 생각해서는 안 된다.

지난 200년 동안 성경 연구자들은 지상에서 예수님이 사신 실제 생애에 대하여 어느 정도나 알고 있는지 스스로에게 물어왔다(이것은 "역사적 예수"라는 용어가 뜻하는 내용이다). 복음서의 어느 부분이 역사적인 사건이며 어느 이야기들이 초대 기독교인들에 의하여 창작되었는지를 밝혀내는 방법이 필요하다고 많은 사람들이 생각한다. 이렇게 구분하는 것은 필요하다. 이유는 기독교 신앙은 후기 기독교 저자들에 의해서 수집된 내용에 근거를 두기 보다는 오히려 예수님의 생애에서 나타난 사실들에 근거를 두어야 하기 때문이라고 그들은 말한다.

이러한 복잡한 질문에 더 이상 구체적으로 빠져 들어가지 않더라도 복음서들은 개인적인 저자와 초대 기독교 회중의 이해와 신앙을 역시 반영하고 있음을 잘 기억할 수 있다(요 2:11; 막 8:14-21을 예로 하여 비교하여 보라). 독자들이 명심할 가장 중요한 것은 이 복음서들은 성령의 영감에 의하여 교회에 주어졌으므로 바로 오늘 신앙을 위한 기초로서 완전히 신뢰할 수 있다는 점이다.

예수님에 대한 역사적 "탐구"의 유익은 복음서들이 초대 기독교 신자들의 신앙에서 유래했다는 것과, 복음서들은 예수님을 이 세상의 구세주이며 하나님의 아들이신 그리스도로 믿으라는 성령이 준 신앙에 대한 소명이었다는 강조점에 놓여 있다. "예수를 그리스도로 고백하라. 예수를 구세주로 받아들이라. 예수의 생의 방법을 믿으라. 예수를 온전히 따르라. 우리가 그렇게 한 대로"라고 복음서는 언제 어디에서고 성경 독자들에게 말한다.

비유의 해석

예수는 그의 교훈에서 비유를 널리 사용하였다. 그러한 비유를 합당하게 해석하기 위하여 그 해석 원리를 보아야 한다. 비유는 예수님 시대에 흔한 문학 양식이었으며 랍비들에 의해서 널리 사용되었다. 그 비유들은 영적인 실체를 육신적인 대상이나 행동에 비교하여 가르친다. "천국은 마치 사람이 자기 밭에 갖다 심은 겨자씨 한 알 같으니 이는 모든 씨보다 작은 것이로되 자란 후에는 나물보다 커서 나무가 되매"(마 13:31) 혹은 "천국은 좋은 씨를 제 밭에 뿌린 사람과 같으니"(마 13:24) 이러한 형식으로 비유는 나타나 있다.

다음과 같은 통찰은 도움이 될 것이다. 첫째, 비유는 잘 비교함으로써 가르친다. 예수님의 비유에는 모두는 아니지만 대부분은 한 가지 비교점만 있다. 왜냐하면 주님의 비유는 한 가지 진리만을 가르치도록 의도되었기 때문이다. 예를 들면, 열 처녀 비유에 나타난 하나의 교훈은 13절의 "그런즉 깨어 있으라"이다(마 25:1-13). 다른 것이 교훈을 위해 상징적인 의미(예로 밤중)가 있다 할지라도 연구자들은 세부적인 것을 해석하는 데 있어 두 배로 조심해야만 한다(예로 모든 사람의 50퍼센트는 구원받을 수 있다고 하는 것 즉 열 처녀 중 다섯이 신랑을 따라 갔기 때문에). 중세기의 우의론자들(allegorists)은 비유의 세부적인 것을 해석하는 데 있어 많은 진리를 발견하였으나 예수님이 가르치려고 의도한 진리를 찾는 데는 실패하였다.

둘째, 예수님의 비유들 중 대부분은 서론에서 언급했듯이 하나님의 나라에 대한 것이다. 즉 비유에 나타난 진리를 올바로 해석하는 것은 인간의 마음 속에 있는 하나님의 통치에 대하여, 혹은 하나님의 비길 데 없는 은혜와 인내에 대하여, 혹은 하나님의 나라의 최고 가치에 대하여, 하나님이 다스리는 마음을 가진 사람들의 완전히 변화된 삶에 대하여, 혹은 하나님의 나라에 대하여 알지 못하고 반대하는 자들에게 일어날 사건들에 대한 내용을 언급하는 것이다. 그 비유에서 적절한 도덕적 삶에 대한 진리만을 찾는 해석은 그 요점을 상실한 것이다. 그 비유들은 그리스도 안에서 하나님 행하신 것과 하나님의 나라에서의 삶—하나님의 영의 삶—의 급격한 새로움을 조명하는 것이다.

사도행전

사도행전은 대체적으로 빠르고 쉽게 그 의미를 파악할 수 있다. 이 책은 그리스도가 부활한 후부터 바울이 로마에서 첫 번째 투옥된 그 기간에 일어난 내용으로서 베드로와 바울과 그들의 친구들의 행동을 담은 내용에 흥미를 집중한 것이다. 즉 그 사건은 그 책의 저자인 성 누가가 사도행전 1장 1-2절과 1장 8절에서 그의 신학적 입장을 밝힌 데서 산출해 보면 60-62년에 일어났다.

"데오빌로여 내가 먼저 쓴 글에는 무릇 예수의 행하시며 가르치시기를 시작하심부터 그의 택하신 사도들에게 성령으로 명하시고 승천하신 날까지의 일을 기록하였노라.…오직 성령이 너희에게 임하시면 너희가 권능을 받고 예루살렘과 온 유대와 사마리아와 땅 끝까지 이르러 내 증인이 되리라

하시니라."

이 책은 성령께서 사도들에게 어떻게 힘을 부어주셔서 그들로 하여금 모든 사람에게 구원의 사자(使者)의 역할을 행하게 하였는지에 대한 영감 받은 내용으로서 읽고 연구해야 한다. 이러한 일은 예수님이 시작하였다고 누가는 말하였다. 그 복음이 "땅 끝까지" 이르렀다는 구절은 성경 외의 그 시대 문서에 의하면 로마 제국의 수도를 뜻하는 것이다. 하나님의 행위는 예수 그리스도의 생애와 사업을 통하여 구약 성경에 있는 선택된 백성을 창조하심부터 사도행전을 읽는 모든 기독교인에게까지 계속되고 있음을 누가는 데오빌로에게 보여주고 싶었다는 것이 사도행전을 연구하는 학자들의 판단이다.

사도행전을 비교적 쉽고 매우 흥미있게 연구할 수 있는 몇 가지 원리들이 있다. 첫째, 신약성경 시대의 세계 지도를 가까이 두어 사도행전에 언급된 지명의 위치에 친숙해질 수 있게 해야만 한다. 둘째, 사도행전에 언급된 그 장소들에 대한 고고학적인 발견과 그것을 기초로 하여 복원시킨 내용이 있는 좋은 책을 연구해야 한다. 셋째, 사도행전에 나타난 요점들과 다른 서간문 특별히 사도 바울의 서간문에 연결되는 것을 조심스럽게 연구해야 한다. 넷째, 그 시대의 교회 생활에 대한 역사를 읽는 것이 큰 도움이 될 것이다.

더욱이 연구자가 명심할 것은 초대 교회생활의 많은 관습과 상황들이 2천 년이 지나는 동안 바뀐 점이며, 본문의 "그때 거기서"의 의미와 본문의 그 의미를 현재 적용하는 것을 조심스럽게 구별하여야만 한다는 점이다. 그러나 이 주의 사항을 너무 지나치게 강조할 필요는 없다. 왜냐하면 많은 성경 본문에서 현재의 의미가 본래 자의적인 의미와 동일하기 때문이다(예. 행 2:14-28). 그러나 다른 경우에 있어서 "그때 거기에서"의 의미와 그 적용은 조심스럽게 구별되어야만 한다. 예로 사도행전 1장 15-26절의 자의적인 의미는, 초대교회가 맛디아를 유다 대신 선택한 것은 제자들의 내적 그룹이 교회를 위해 거룩하고 중요한 숫자 12를 다시 얻었다는 뜻이라는 것이다. 그러나 이 "그때 거기서"의 의미가 오늘의 어느 교회에게나 적용되는 율법이 되어서는 안된다. 이 특별한 내용의 의미를 현재에 적용하는 의미는 교회 지도자들이 예수님을 따를 필요가 있고 예수님을 섬기기 위하여 예수님과 가까이 살 필요가 있다는 뜻이다. 2장 44-45절의 "그때 거기서"의 의미는 초대 기독교인들이 공동 소유와 분배의 형태를 실행했다는 것이다. 그러나 시대가 변하여서 이러한 생활은 오늘 모든 교회의 교인을 단결케 하는 율법이 될 수는 없다.

서간문들

서간문들 혹은 편지들이 신약성경의 셋째 부분이다. 이 서신들은 몇 가지 원리들만 지킨다면 다소 쉽게 이해하게 되며 많은 유익을 얻게 된다. 첫째, 명심할 것은 신약성경에 있는 서신들은 실제로 쓴 편지라는 점이다. 이것들은 조심스럽게 윤곽을 짜서 만든 책이 아니며 심혈을 기울여 만든 복음들이 아니다. 그 서신들은 교회 안에 있는 매우 특별한 문제들에 봉착하여 서로 의견을 교환하고자 쓴 것이다.

어떤 때는 서신의 기자들이 그들이 쓴 내용을 쉽게 이해할 수 있도록 하는 그전에 썼던 내용에 대하여 반복하지 않는 것처럼 보인다(고후 1-10; 갈 1:6-7; 고전 9:19-23; 롬 8:12-17을 보라). 히브리인에게 보낸 편지는 이러한 면에서 예외이며 바울이 로마에 보낸 편지도 어느 정도 그러하다.

신약성경에 있는 서신들은 애굽에서 발견된 수많은 그 시대의 헬라의 일반적인 편지와 매우 흡사하다. 첫째로 필자는 자신을 밝혔다. 이것은 매우 사려있는 접근이다. 그 다음은 필자가 수신자들에게 평화와 기쁨이 임하기를 바라는 인사가 뒤따르게 된다. 그 다음 필자의 사정을 간단하게 기술하고 그 이후 그 서신의 중심을 담은 내용이 이어지게 된다. 보통 필자는 편지를 일반 속기사에게 받아쓰게 했을지라도 편지에 자신이 서명했다. 신약성경에 있는 서신들은 이와 같은 일반적인 윤곽을 따랐다. 역사에 있어서 그 시대의 다른 서신들과 유사한 점은 신약성경에 있는 편지들도 인격적이고 따뜻한 경향이 있으며 때때로 필자의 사상과 감정을 볼 수 있는 귀중한 통찰력도 제공하고 있다는 점이다(갈 2:11-14).

둘째, 신약성경에 있는 서신들을 연구하는 데 있어서 요구되는 것은 서신들 각각이 쓰여진 이유에 대한 올바른 지식을 갖는 것이다. 이러한 정보는 서신 자체를 연구함으로써 흔히 얻어낼 수 있다. 예로서 고린도전·후서(고전 5장과 16장; 고후 1, 2, 10장과 13장) 그리고 사도행전 18-19장에 대한 연구는 독자로 하여금 사도 바울과 고린도 교회 회중들 사이에 놓여있던 긴장된 관계를 이해하는 데 큰 도움이 된다. 이 연구는 연구자들로 하여금 고린도후서의 중심된 주제가 사도권의 권위와, 사도권이 교회의 생활에 있어서 행하여지는 실질적인 역할에 대한 질문임을 이해하게 한다.

셋째, 이 서신들은 기독교 교리와 실행에 대한 정보를 캐내는 황금 광산과 같이 보인다. 개인의 일상생활을 위한 성경의 의미가 전체적이고도 분명하게 나타날 때가 있다. 연구자가 특정한 본문에서 나온 교리적인 의미를 올바르게 해석하도록 하는 신앙의 유비를 잘 이해하는 것이 본 연구에 필요하다. 예로 빌립보서 2장 12절은 인간이 자신들을 구원하라는 부탁으로 되어 있다. 기독교 신앙의 배경을 이해하고 예수 그리스도 안에서 완성된 하나님의 행위와 인간에게 즉각적으로 주어진 은총의 선물로서의 구원에 기독교 신앙의 중점을 둔다는 것을 독자들에게 빌립보 2장 12절의 첫 번째 해석은 고칠 수 없다는 것을 경고시키는 것이다. 여기에서 구원은 다른 의미로 분명히 사용되었다. 그래서 은혜로만 구원을 받는다는 독자의 이해가 연구자를 빌립보서의 그 구절에 대한 잘못된 해석에서 보호한다.

넷째, 이미 이전에 언급한 대로 연구자는 본문의 "그때 거기서"의 의미를 가지고 시작해야만 한다. 에베소서 4장 11절에서 사도 바울이 교회에 있어서 교사에 대하여 언급할 때 그 구절은 현재와 같은 기독교 학교의 교사를 의미한 것은 분명히 아니다. 그 구절은 교구 학교에 있는 교사들에게 적용될 수 있으나 이것이 자의적인 의미는 아니다. 고린도전서 7장 25-26절의 자의적인 의미는 사도 바울이 "임박한 재난의 입장"에서 결혼을 권하지 않은 것이다. 즉 그 사도는 세상의 멸망을 뜻했는지도 모른다. 이 적용은 평생 독신으로 지내는 것이 아니다. 왜냐하면 이러한 것들은 바울의 사상이 전혀 아니기 때문이다(27-28절을 보라). 우리들이 다시 오시는 주님을 기쁘게 맞이하고 언제나 맞이할 수 있는 형편이 되도록 우리의 생활을 정리해야 한다고 적용하는 것이 자연스러운 것이다.

서간문들을 이해하는 데 중요한 사상

제4장에서 열쇠가 되는 낱말을 이해하는 것이 매우 중요하다고 하였으며 낱말을 완전히 파악하는 방법도 제시하였다. 한 서신을 이해하는 데 매우 중요한 것은 연구자가 "낱말 계보"와 친숙하는 것이다. 한 낱말 계보는 낱말의 근원과 관련된 모든 낱말을 포함하는 것이다.

낱말 계보를 전체적으로 연구하면, 특별한 본문에서 그 낱말이 뜻하는 바를 가장 분명하고 전체적으로 이해할 수 있게 된다. 이러한 연구는 헬라어나 히브리어 낱말 계보로 하는 것이 가장 만족스러운 것이나 자국어로 낱말 계보를 연구해도 큰 도움이 된다.

성경에 있어서 가장 큰 낱말 계보를 가진 것은 "바른"(just)이란 낱말을 중심으로 파생된 것이다. 이 계보에 속한 낱말은 심판하다, 심판, 정의, 옳다고 주장하다, 의인, 올바르게,

변명하는 사람 등이 포함된다. 이러한 낱말들 모두는 다소 의미에 차이가 있으나 성경에서의 용법과 사전에서의 사용된 것을 연구하여 보면 그 낱말들의 기본 의미 즉 율법과의 관계가 완전하고 정확하며 올바른 상태라는 사상이 들어 있다. 이것이 옳은 사람을 묘사하는 것이다. 판사는 어떤 사람이 올바로 행동했는지를 결정해야만 한다. 변호사는 자신의 피고인의 행위를 정당화하려고 노력한다.

낱말 계보에 대한 이와 같은 연구는 각 구절에 있는 동일한 계보의 낱말 뜻을 파악하는 데 큰 빛을 준다. 예로 "의"란 낱말이 성경에서 사용될 때는 엄격한 율법의 의미나 어떤 일을 판별하는 기준의 의미가 있다(고전 2:15, 4:4). 로마서 3장 20-24절에서는 이상의 의미에다 다음의 의미를 더하였다. 즉 의로우신 심판자 하나님은 단 하나의 독특한 방법으로 인간을 의롭게 하신다고 한다. 하나님께서는 예수 그리스도를 구주로 받아들이는 사람만이 의롭다고 선포하신다.

그러므로 로마서에 있는 이 구절에서의 "의"는 낱말 계보가 가진 기본적인 중요한 의미로 시작하여 그 의미에다 기독교인들에게 가장 중요한 성경의 특별한 의미를 더한 것이다. 다른 중요한 낱말 계보는 사랑, 지식, 겸손, 신앙, 영광, 선함 등에 집중된다.

히브리서는 성경 연구자에게 매우 흥미 있는 편지이다. 불행하게도 많은 기독교인들이 이 편지를 경시하고 사용을 덜 한다. 이유는 기독교인들이 이 서신을 어떻게 해석할는지를 모르기 때문이다. 몇 가지 지침이 그 메시지를 푸는 데 도움이 될 것이다.

다른 모든 서간문에서와 같이 히브리서도 용기를 잃은 유대계 기독교인 공동체에게 보내진 편지이다. 그들은 많은 유대인 친구들을 잃었고 그들의 신앙으로 인하여 박해를 받아 고난을 당하여 사기가 떨어져 있었다. 그 편지의 필자는 예수 그리스도가 가져온 삶의 놀라운 새로움을 그들에게 지적해 주기를 원했다. 그래서 그들이 구약성경 종교 즉 그들의 전종교(前宗教)로 복귀하지 않도록 막은 것이다.

이 새로움을 분명히 하기 위하여 그 저자는 예수님에 대한 구약성경의 많은 예언적 예형을 발췌하여서 그 독자들이 구약 종교와 새 종교를 비교하여 볼 때 구약성경 종교가 불완전하고 미완성된 점을 이해케 한 것이다. 하나님의 영이 그 저자를 인도하시사 예수님에 대한 구약성경의 예언적인 예형들 혹은 예형론적인 예언들을 찾아내게 하셨다. 즉 그것들은 모세, 안식일, 대제사장, 멜기세덱, 장막, 옛 계약, 율법 등 예수님을 구약성경의 제도와 인물을 들어서 나타냈다. 이러한 가장 효과적인 방법으로 그 저자는 구약성경의 예형에 대하여 설명하고 다음은 훈계와 용기를 주는 방법을 교대로 사용하였다(히 1:14과 2:1-4, 2:5-18과 3:1, 3:2-19과 4:1-2 등을 보라. "그러므로"라고 하는 중요한 표현에 주목하라).

요한계시록

구약성경의 묵시적 문서를 해석하기 위한 지침들이 신약성경의 요한계시록에도 적용된다.

요 약

신약성경을 올바르게 해석하기 위해서는 하나님께서 그분의 아들 예수 그리스도를 통하여 보여주신 최후의 승리와 생활을 매우 빨리 새롭게 변하게 함에 대한 신약성경의 기본 주제를 이해하여야 한다. 이 주제는 사도들의 케리그마에서 분명하고도 확고하게 나타난다. 그 사도들은 예수가 누구였으며, 무엇을 하였는지를 선포하는 일에 헌신한 사람들이다. 예수 그리스도의 죽음과 부활에 대한 케리그마적인 이야기가 복음서의 형태로 쓰여지기 시작한 것은 예수님이 죽고 부활하신 지 30년이 지나서였다. 성령께서 각 복음서의 저자들을 인도하사 예수님의 인격과 사업에 대하여 그들 나름대로의 모습을 그리게 하셨다. 이러한 이유로 해서 복음서를 "공관서"를 사용하여 비교 연구하면 도움이 된다. 이와 같은 비교 연구는 각 복음서의 메시지를 구별하여서 연구자가 이해하는 데 도움이 된다.

사도행전은 하나님께서 구약성경에서 활동하신 일을 예수 그리스도의 사역 및 사도 베드로와 바울 그리고 초대 기독교인들의 활동에서 계속하고 계심을 보여주고 있다. 서간문들은 수신된 초대 교회 회중들의 실제적인 문제를 해결하려는 의도로 따뜻하고 격식 없이 쓴 편지라고 볼 때 가장 잘 연구하는 것이다. 연구자는 그 서신이 쓰여진 이유를 꼭 이해해야 하며 "그때 거기서"의 의미와 그 의미를 현재 적용하는 데 상이점을 꼭 분별하여야만 한다. 히브리인에게 보낸 편지가 구약성경의 미완성된 많은 예형론적 예언들이 예수 그리스도 안에서 성취된 방법을 생생하게 나타내고 있다. 이런 식으로 그리스도는 장엄한 신약 또는 하나님과 그의 백성 간의 계약을 소개하였다.

복습문제

1. 신약성경의 기본 주제를 당신의 말로 요약하여 보라.

2. “신약성경은 하나의 역사서다”라고 한 의미가 무엇인가?

3. 사도행전 처음에서 4장까지 있는 베드로의 네 가지 설교의 기본이 된 사도의 설교 혹은 케리그마의 성격을 파악하고 요약하라. 사복음서와 이 사도의 메시지와 어떤 관계가 있는가?

4. 복음서들이 형성되는 데 있어서 구전이 어떠한 위치에 있는지 설명하라.

5. 양식사 비평이란 무엇인가? 왜 양식사 비평이 많은 사람들에게 나쁘다고 생각이 되었는가? 이 양식사 비평의 원리 중 적어도 한 가지는 복음서를 해석하는 데 어떻게 도움이 되는지 설명하라.

6. “역사적 예수의 탐구”라는 뜻이 무엇인가? 이 역사적 예수의 탐구가 복음서를 해석하는 데 어떠한 공헌을 할 수 있는가?

7. 비유들을 해석할 때 어떤 원리를 꼭 명심하여야 하는가? 비유를 해석할 때 우의적으로 해석하는 사람들의 잘못은 무엇인가?

8. 사도 바울 시대의 편지들의 본성과 형식은 어떤 것인가? 편지의 본성과 형식에 대한 지식이 신약성경에 있는 서간문을 해석하는 데 어떠한 도움을 주는가?

9. 히브리인에게 보낸 편지를 합당하게 이해하는 데 있어 중요한 열쇠가 되는 것은 무엇인가?

07장

실제 해석의 단계

본 장에서는 성경 해석의 실험적인 예를 하나의 범례로 선택하였다. 앞의 6장에서 논의된 해석학적 원리가 이 예에 적용될 것이다. 본문은 마가복음 9장 2-10절이다. 우리는 전문적인 주석가가 사용하는 방법과 매우 흡사한 방법을 단계마다 밟아 나갈 것이다. 독자는 어떤 본문의 일반적인 연구가 본 장에서 보여주는 것과 같이 모두 가능하다고 기대해서는 안 된다. 그러나 실제적인 연습은 거의 모든 사람들로 하여금 본 단계를 따르게 하고 그렇게 함으로써 상당히 쉬워지고 영적인 유익도 얻게 된다.

도움이 되는 책들과 해석의 기술에 대하여 본 장에서 토의하겠다. 구약성경에 대한 책들과 방법—신약성경 본문을 해석하는 데 직접적인 관계가 없을지라도—을 언급할 것이다. 가장 유용한 책들에 별표(**)를 하나 혹은 그 이상을 붙이겠다. 별표 셋이 붙은 책은 성경 연구자 전원에게 도움이 되는 것을 나타낸다. 별표 두 개가 붙은 책은 대체로 자주 사용되고 노력에 따라서 그 유익이 있는 것을 나타낸다. 별표 하나가 붙은 책은—그 책들이 전문적인 주석가를 위해서 만들어진 책이라고 할지라도—평신도 성경 연구자에게도 도움이 되는 책을 뜻한다. 위에 언급한 어느 하나도 어느 한 독자에게 완전히 받아들여지거나 만족을 주지 못할 것은 의심할 바 없다.

제1단계 : 진실한 마음으로 계속 기도하라

성경 연구자가 성경 본문을 연구하기 시작할 때부터 기도하는 습관과 기도하는 마음의 자세로 임하는 것이 제일 중요하다. 이러한 기도의 습관이 좋은 주석의 실천이다. 왜냐하면 하나님의 영만이 성경 연구자를 지도하시고 그의 눈을 열어 진리를 보게 하시며, 놀라운 일들을 알게 하시기 때문이다. 하나님의 영이 주시는 선물을 받도록 기도하는 데 실패하면 가장 좋은 해석학적 원리도 쓸데없는 것이 된다.

제2단계 : 본문의 확정(본문비평)

본 장에서 기본적인 연구를 하기 위하여 우리가 선택한 본문은 마가복음 9장 2-10절이다. 우리가 택한 번역성경을 연구하여 볼 때 옛 사본들 사이에 큰 차이점이 없음을 알 수 있다. RSV와 NEB의 난외에는 "다른 고대 사본에 덧붙여진" 혹은 "어떤 사본에서는… 이렇게 읽음" 등이 없다(개역성경 막 9:44에 대한 난외 주 3을 보라. 차이점이 큰 것이 있음).

개역성경 난외주에 "혹"이란 낱말은 성경을 번역할 때 헬라어 본문이 허락한 범위 내의 뜻을 나타낸다. 이러한 난외주는 낱말이나 구절의 의미를 더 잘 밝히는 데 큰 도움이 된다. 그러므로 마가복음 9장 11절에 헬라어 낱말의 뜻을 직역한 의미가 "내 독생자"라고 되어 있어도 "내 사랑하는 아들"로 번역된 것이 잘못은 아니다.

제3단계 : 문법의 분석

제4장에서 문법의 기본 규칙을 아는 일이 매우 중요하다고 이미 언급하였다. 일반적으로 볼 때 번역한 성경을 연구

하는 연구자는 그가 풀어야 할 어려운 문법적인 문제는 없음을 지적하였다. 이것은 연구 중인 구절에는 맞는 이야기이다. 그러나 최종적인 해석에 빛을 던져 줄 몇 가지 문법적으로 특별한 것들이 있다. 3절의 문법적인 구성은 베드로(야고보 혹은 요한)가 경험한 일을 타인이 이해할 수 있는 말로 자신의 경험을 나타내려고 애쓴 노력의 흔적을 보여주고 있다. 6절 전반절에서는 주어가 단수인데 하반절에 가서는 주어가 복수로 바뀐 것을 주목하라. 베드로는 겁먹은 사람들을 위한 성급한 대변인임에 분명하다.

제4단계 : 역사적 정보의 사용

어떤 본문을 연구할 때 제일 먼저 연구자는 그 책 자체에 대한 역사적인 기본 질문에 대해 대답을 해야 한다. 마가복음에 있는 본 본문에 대해서는 프란쯔만(Martin H. Franzmann)의 신약성경 개론을 참고함이 좋다(*The Word of the Lord Grows***). 이 개론 책이 저자, 연대 등에 대한 질문에 대답을 줄 것이다.

누　　가 : 마가, 마리아의 아들이며 바울의 열렬한 동반자이고 베드로의 친한 친구(그 정원에 있던 젊은 이? 막 14:51-52).

어디에서 : 로마.

언　　제 : 1세기 60년대.

왜 : 기본 케리그마를 이미 들은 개종자들의 질문 즉 "우리의 삶을 개혁시킨 이 위대한 복음이 어떻게 시작했습니까? 그 복음의 역사는 무엇입니까? 우리를 사랑하였고 우리를 위하여 자신을 주신 하나님의 강한 아들에 대하여 더 이야기해 주십시오. 이미 그의 사람이 된 우리에게 그의 뜻을 분명히 알도록 그의 말씀과 사역에 대하여 다시 설명해 주시오"라는 것에 대한 대답을 위하여.

누구에게 : 로마에 있는 기독교인들에게(아마도 거의 이방인이었을 것이다). 그들은 네로 즉 로마시가 불타버린 이후 크리스천을 박해한 바로 그 황제 네로가 통치하던 때의 사람들이다.

(구약성경에 대한 좋은 개론서는 에드윈 레드리히〈Edwin Redlich〉가 쓴 *An Introduction to Old Testament Study for Teachers* *and Students*이다).

역사적인 질문에 대한 두 번째 종류는 해석자로 하여금 특별한 본문에 대한 이해를 그리고 배경을 더 연구하기 위하여 지리학과 역사에 대한 책을 탐독케 한다. 마가복음에 나타난 지리적인 위치는 가이사랴 빌립보(막 8:27) 인근의 높은 산으로 나타나 있다. 지도에는 가이사랴 빌립보는 갈릴리 바다에서 동북쪽으로 25마일 떨어져 있고 지중해로부터 내륙으로 25마일의 거리이며 눈이 많이 쌓여 있는 헬몬산으로부터 남쪽으로 12마일 떨어진 곳에 위치해 있다. 영감을 주고 신앙을 강하게 하는 예수님의 변화가 팔레스타인 밖의 쓸모없는 땅 가운데 있는 산상에서 일어났다는 데 주목할 필요가 있다.

그 장소에 대하여 추가로 정보를 알고 싶으면 다음과 같은 좋은 성경지도를 보라. 즉 *Westminster Historical Atlas to the Bible****과 파이퍼(Charles F. Pfeiffer)가 편집한 *Baker's Bible Atlas.*** 성경 고고학에 대한 책들이 가치있는 문화와 종교의 정보를 제공한다. 그 분야에 대한 두 가지 좋은 책은 톰프슨(John Thompson)의 *Archaeology and the Bible*과 엉거(Merill Unger)의 *Archaeology and the New Testament*이다.

신약성경 시대의 역사나 문화에서 우리가 택한 본문에 빛을 줄 어떤 것이 있는가? 연구자는 그 시대의 일반적 배경에 대한 정보를 얻기 위하여 그 시대의 표준 역사를 읽을 필요가 있다(추천할 책은 테니〈Merrill C. Tenney〉 저 *New Testament Times***와 아른트〈William F. Arndt〉 저 *New Testament History: A Survey of the Life of Christ and the History of the Apostolic Church****). 해석자는 좋은 역사서를 통하여 유대 백성들은 엘리야가 다시 와서 메시아 시대를 알려주리라고 기대했다는 내용을 배우게 될 것이다. 해석자는 많은 유대인들이 기다리는 메시아는 세상적이고 정치적인 구출자와 같은 것이 있음을 배우게 된다. 예수님이 그들에게 받아들여지지 않았던 이유를 해석자가 아는 데 이 사실은 크게 도움이 된다. 그것은 변화된 모습에서 예수님의 참된 영광을 보여 준 것이, 왜 그 세 제자에게 중요했던지를 설명해 주는 것이다. 왜냐하면 그 세 제자도 역시 예수님의 메시아권에 대하여 혼동하고 있었기 때문이다.

연구자가 말라기 시대부터 주님의 탄생까지, 그간의 역사를 읽게 되면 많은 지식을 얻게 될 것이다. 왜냐하면 그 기간의 수세기 동안 예수님의 나라 사람들의 신앙과 태도의 대부분이 발전되었기 때문이다(Carl G. Howie 저 *The Creative*

*Era****와 테니의 책 1-5장이 도움이 된다. 구약성경 이스라엘의 역사에 대한 좋은 서적은 존 브라이트〈John Bright〉의 「이스라엘의 역사」〈*The History of Israel*〉**와 아처〈Gleason L. Archer〉 저 *Survey of the Old Testament***이며 좀더 대중적인 책은 아더 W. 크링크〈Arthur W. Klinck〉 저 *Home Life in Bible Times: A Study in Biblical Antiquities*이다).

마지막으로 가장 중요한 역사적 질문이 남아 있다. 본문이 원래 독자들에게 어떠한 의미를 주었는가? 본문의 "그때 거기서"의 의미가 무엇일까? 더 많은 연구가 진행된 후까지 이에 대한 대답을 연기하는 편이 훨씬 더 현명할 것이다.

제5단계 : 문학 양식의 결정

본문의 문학 양식이 어떤 것인지 파악하는 것이 매우 중요하다고 본서는 강조해 왔다. 본 단계를 조심스럽고 올바르게 수행하지 못하면 하나님께서 의도하신 뜻을 결정하는 데 혼선을 가져오게 된다. 마가복음 9장 본문은 양식에 있어서 역사적인 설화체로 분류하는 것이 가장 적절하다. 그 본문은 베드로와 야고보, 요한이 산상에서 체험한 경험에 대한 보고로 시작된다. 그러므로 해석자는 그들의 정상적이고 간단한 의미를 나타내는 낱말들을 바로 파악할 수도 있다. 본문의 문학 양식 자체에는 시적인 표현이나 상징적인 의미, 비유적인 성격 등 기타 특별한 문학 방법을 나타내는 낱말이나 내용이 없다.

제6단계 : 단어의 의미 파악

본 단계는 연구자가 연구 중 중요한 낱말을 표시해서 기록하는 과정이다. 이번에 선택한 본문을 연구하는 데는 "변화," "엘리야," "모세," "초막들," "구름," "목소리" 등에 밑줄을 치는 것이 좋다. 이렇게 선택한 낱말들은 풍부한 해석학의 자료들을 제공한다.

낱말 연구는 여러 가지 방법으로 할 수 있다. 예를 들어서 우리가 관주를 사용한다면 관주의 하나 혹은 그 이상의 평행된 낱말의 의미를 줄 것이다. 여러 가지 종류의 성경은 관주에 있어서도 다양하게 정보를 준다. 흠정역은 다니엘서 7장 9절—의미를 파악하거나 열쇠가 되는 낱말에 도움이 되지 않지만—을 제시한다. 그러나 다니엘 7장 9절은 "눈과 같이 흰"

이라는 구절을 더 연구하라는 암시이다. 마태복음 28장 3절은 마가복음 9장 3절을 연구하는 데 더 큰 도움이 된다. 이상의 두 참고 구절은 마가복음 9장 3절이 마가가 설명하는 내용의 최종적인 의미를 결정짓는 데 매우 중요함을 암시하는 것이다. 영어 개정표준판 성경(RSV)에 있는 관주는 우리가 낱말을 연구하는 데 큰 도움이 못 된다. 그 관주들은 독자의 관심을 하늘의 목소리라는 구절이 있는 신약성경의 다른 곳으로 돌리고 있다. 이것은 다음 단계에 있어서 매우 중요하고 유용한 정보가 된다. 헬라어를 아는 사람은 어윈 네슬과 쿠르트 알란트(Erwin Nestle and Kurt Aland)가 편집한 「헬라어 신약성경」*에 나타난 관주를 참고하면 가장 좋을 것이다.

낱말 연구를 하는 좋은 방법 중 두 번째는 성구사전(컨코던스)을 사용하는 것이다. 이 단계에서는 연구자가 중심 낱말과 뜻이 성경의 다른 곳에서는 어떻게 사용되었는가를 파악하는 것이다. 예를 들자면 "초막"이란 낱말은 성경에서 여러 가지 흥미 있는 의미를 나타내고 있다. "초막"은 거주하는 평범한 장소 혹은 일시적인 안식처, 이동식 광야 교회, 상징적인 언어로 하나님이 계시는 장소 등을 뜻할 수 있다. 연구자들은 이러한 뜻을 기록해야 한다. 왜냐하면 연구의 초기 단계에서는 부분적인 정보가 본문의 최종적인 의미를 결정하는 데 도움이 될지 안 될지 알지 못하기 때문이다.

일반적으로 볼 때 성경들에 인쇄된 낱말들은—잘 연구하여 만든 성경이라 할지라도—의미를 연구하는 목적에 적당하지 않다. 알렉산더 크루덴(Alexander Cruden)의 *Popular Concordance***(1737년 영국에서 초판됨)가 성경 연구자들에게 널리 사용되고 있다. 제임스 스트롱(James Strong)** 혹은 로버트 영(Robert Young)**이 편집한 "철저한" 성경 용어 사전은 해석자들의 서재에 매우 가치 있는 도구이다. 토마스 넬슨(Thomas Nelson)은 RSV를 사용하는 사람들을 위하여 성구 사전**을 출판했다. *The Oxford Concise Concordance***는 RSV 연구를 위해서는 매우 큰 도움이 된다.

소위 성경 주제를 다룬 책들(topical Bibles)은 때때로 매우 도움이 되는 또 다른 종류의 성구사전이다. 성경 주제를 모은 책에서는 그 편집자가 기본적인 통찰력을 가지고 성경 구절이 나타내는 주제별로 모은 것이다. 잘 알려진 성경의 주제 서적은 *Thompson Chain Reference Bible***로서 우수한 것이다. *The Harper Topical Concordance****와 *Nave's Topical Bible****은 그 주제의 목록이 짧긴 해도 사용하기 쉬운 책들이다.

연구자는 신학 단어집 혹은 성경 사전에서 중심 단어들을 찾아보는 것이 좋을 것이다. 신학 단어집은 알란 리차드슨(Alan Richardson)이 편집한 *A Theological Word Book of the Bible***과 장-자크 폰 알멘(Jean-Jacques von Allmen)의 「성경지침」(*A Companion to the Bible*)**이 많은 중심 낱말의 의미에 관한 신학적 통찰력을 제공한다. 독자들이 명심할 일은 이 신학 단어집들은 그 저자의 신학 이해와 성경 교훈의 이해를 나타내고 있다는 것이다. 그러므로 그것들은 무비판적으로 사용되어서는 안 되며 성경 본문을 연구하는 데 일환으로 사용되어야 한다.

양질의 성경 사전은 신학 단어집의 목적 중 많은 부분을 대신 해결할 수 있다. 예로 *The Westminster Dictionary of the Bible****이나 *Unger's Bible Dictionary****가 "초막"에 대한 배경적인 지식을 연구자들에게 풍부히 공급할 수 있다. 초막이 이스라엘 삼대 축제 중 하나이며 매우 중요한 역할을 했음을 사전의 논문이 독자들에게 알려줄 것이다. 베드로가 초막 셋을 짓자고 제안했을 때 베드로 마음에 어떠한 내용이 있었는지 본 항목이 학생들에게 알려 준다. *The Concordia Bible Dictionary****는 더 간략한 참고서이다.

제7단계 : 맥락(컨텍스트) 속에서 본문 연구

제4장에서 모든 본문이 연구될 때 4가지 컨텍스트를 참고하여야 됨을 독자들에게 알려 주었다. 그 첫째는 그 본문 혹은 구절이 있는 바로 전후의 구절을 참고하는 것이다. 마가복음 8장 27절은 우리가 연구하는 본문의 바로 전에 나오는 구절이다. 예수님께서 갈릴리에서 제자들과 함께 가이사랴 빌립보로 떠나오셨다. 예수님은 제자들에게 "내가 누구라고 생각하느냐?"고 물으셨고 베드로가 예수님은 하나님께서 약속하신 메시아라고 고백하였다.

이 위대한 고백 이후에 우리 주님의 고난과 죽음, 부활에 대한 첫 번째 예고가 나타난다. 이것은 진리의 참다운 순간이었고 혼란된 제자들(8:32-33)을 시험하는 시간이었다. 그래서 예수님은 제자들에게 확실한 말로 솔직하게 질문을 던지셨다. 이것은 산상변화 이후에 나타난다.

그 후 예수님은 세 제자에게 인자가 죽음에서 일어날 때까지 그들이 경험한 것에 대하여 아무에게도 말하지 말라고 당부하신다(막 9:9). 그 다음의 내용은 나머지 아홉 제자가 간질병 걸린 소녀를 고치지 못하고 있는 이야기로 결론을 내린다. 전체적인 맥락은 도전이 아니면 결단에 관한 것이다.

즉 예수님을 하나님의 그리스도로 받아들이라는 도전과 그들이 예수님의 영광을 보았기 때문에 하나님의 자녀로서 가장 작은 자리에까지라도 내려가 고난과 봉사의 길에서 예수님을 따르라는 결단이 그것이다.

둘째 맥락은 그 책 자체이다. 이 맥락의 의미를 결정짓기 위한 가장 좋은 방법은 스스로 그 책을 읽고 연구하는 것이다. 그 후 더 도움이 되는 일은 신약성경 개론이나 마가복음에 대한 주석 책에서 지식을 얻는 것이다(제9단계를 보라). 왜냐하면 이러한 책들은 그들이 토의한 책들의 사상 발전에 대한 개략을 보통 나타내고 있기 때문이다.

성 마가의 복음서는 예수님을 하나님의 능력 있는 아들로 직접 표현하고 있다. 그러나 예수님을 알고 예수님의 말씀을 들은 사람들 중 대다수가 예수님의 신적인 능력을 고백한 것은 아니다. 성령에 의해서 가리어졌던 눈이 열린 사람들만이 예수님을 하나님의 메시아로 볼 수 있었다(4:10-12). 마가복음서는 다음과 같은 사실을 생생하게 나타내고 있다. 즉, 이렇게 성령이 메시아를 알게 한 사실이 제자들의 일상적인 생각에 어떻게 혼란과 무지와 눈멈과 공포를 야기시켰으며, 거의 모든 사람들이 예수님을 적대시했음에도 불구하고 제자들이 얼마나 예수님께 밀착되었는지, 그 제자들이 부활 때 얼마나 당황했는지(16:8), 그들이 어떻게 성령에 의해서 감동을 받아 예수는 그리스도라고 세상 모든 곳에 나가서 복음을 전파하게 되었는지(16:20)를 생생하게 나타내고 있다. 예수님의 메시아직과 인간 제자들에 대한 이러한 묘사는 신앙 때문에 네로에 의해 박해받고 있는 로마 크리스천들에게 큰 위로와 영감의 자료가 되었음에 틀림없다. 아마도 성령께서 마가를 감동시키셔서 예수님을 바로 그러한 방법으로 묘사케 하였을 것이다. 왜냐하면 로마 크리스천들은 그때 거기서 이러한 설교적인 복음이 필요했기 때문이다.

셋째는 그 저자의 다른 작품을 연구하는 것이다. 마가복음을 취급하는 데는 이 과정은 지나가도 된다. 이유는 마가복음은 성 마가가 쓴 유일한 성경의 한 책이기 때문이다. 이 본문을 연구하는 경우 베드로와 야고보와 요한의 저작을 따로 연구하면 큰 도움이 될 수도 있다.

넷째는 성경 전체의 맥락에서 보는 것이다. 본 단계가 뜻있게 되려면 연구자는 성경의 주요 주제와 동기들을 공정하게 잘 이해해야 한다. 그러나 일반적인 관찰이 아무리 철저할지라도 하나님이 인간을 구원하시는 계획을 성경이 기록하고 있다는 사실에 아무런 영향을 줄 수는 없다.

전체 성경의 맥락에서 나온 세 가지 주제들이 본문을 해석하는 데 큰 도움을 준다. 의미심장한 한 가지 주제는 하나님께서 인간의 삶 속에 오시고 인간을 구원하신다는 되풀이된 약속이다. 본문에 나타난 하늘의 목소리는 이 주제의 가장 위대하고 최종 성취를 나타내는 것이다. 그 세 제자는 이 위대한 선언을 듣는 특권을 가진 것이다.

마가복음을 해석하는 데 있어 고려할 중요한 두 번째 주제는 하나님의 영광이라는 개념이 성경의 중심이 되어 있다는 것이다. 구약성경에서는 이 영광이 모세가 구름과 주님의 영광으로 뒤덮인 산에 올라갔다 내려올 때 모세의 얼굴에 나타났다고 한다(출 24:12-18, 34:1-35). 주님의 영광은 장막에 역시 가득 차 있었고(출 40:34-38), 성전에도 가득 차 있었다(왕상 8:1-11). 마가복음에서는 주님의 영광이 변모되신 예수님과 아마도 구름에서 역시 나타났다.

전체 성경의 맥락에서 나타난 세 번째 주제는 하나님이 인간과 함께 거하신다거나 혹은 인간과 함께 거주하신다는 사상이 중심이 되어 있다는 사실이다. 구약성경에서 하나님이 계시는 곳은 장막이나 성전이었다. 신약성경에서는 예수 그리스도에 집중되어 있으므로 지역적으로 세워진 초막이나 장막은 더 이상 필요 없게 되었다. 예수님의 이름으로 두세 명이 모인 곳이면 하나님께서 그들 가운데 계시다! 다른 주제들도 이 사건에 적용시킬 수 있으나 이 세 주제가 성경의 전체 맥락 가운데 몇몇 특별 주제들이 주어진 본문을 해석하는데 얼마나 도움이 되는지를 보여 줄 것이다.

전체 성경의 맥락 이해는 성경을 많이 읽고 연구하는 데서 오는 것이다. 그러나 해석자가 이러한 정통을 터득하는데 도움이 되는 도구가 있다. 위에서 언급된 신학 용어집이 이 부분에 있어서 매우 도움이 될 것이다. 좋은 주석책들도 역시 큰 도움이 될 것이다.

성경 신학에 대한 책들은 특별한 가치가 있다. 이와 같은 서적들은 지난 15년간 매우 유행하게 되었다. 이러한 서적은 저자가 성경의 신학적 주제들 중에서 하나 혹은 두 개를 선택하여 집중적으로 그 주제를 연구한 것이다 .그러한 책 중에서 초기의 것이고 가장 훌륭한 것은 존 브라이트(J. Bright)의 「하나님의 나라」(*The Kingdom of God*)**이다. 그 책 제목이 나타내듯이, 하나님의 왕국 혹은 하나님의 통치 사상이 성경의 중심되는 신학적 주제라고 브라이트는 믿었다.

공관복음서에 있는 본문을 해석하기 위해서 도움이 되는 맥락 연구의 한 특별한 방법은 하나 혹은 두 개의 다른 복음서에 있는 평행된 내용을 비교하는 것이다. 각 복음서의 내용에 있는 유사점과 상이점을 여기서 조심스럽게 연구하면 각 복음서의 저자가 관심을 가진 신학적 목적을 파악하는 데 크게 도움이 된다. 이러한 연구를 하는 데 스파크스(H. F. D. Sparks) 저 *A Synopsis of the Gospels*가 많은 도움이 된다.

제8단계 : 다른 번역성경과의 대조

이 단계에서 여러 가지 번역성경을 서로 비교하면 해석에 큰 도움이 된다. 이러한 방법을 씀으로써 해석자나 연구자는 한 낱말에 대한 의미 혹은 전체 구절의 의미를 파악하는 통찰력을 얻을 수 있다. 이 단계는 역시 해석자가 자신의 청중들과 의사를 교환하는 데 좋은 방법을 제공할 것이다. 도움이 될 수 있는 한글 성경은 개역성경, 새 번역성경, 공동 번역성경이다(영어로 된 성경은 *Revised Standard Version*, *New English Bible*, *The New Testament in Modern English*, *The New Testament in the Language of Today* by W. F. Beck, *The New Testament in Modern English and Four Prophets* by J. B. Phillips, *A New Translation of the New Testament* by James Moffat, *The New Testament in Modern Speech* by R. F. Weymouth, and *The Bible: An American Translation* by E. J. Goodspeed).

이 과정에서 해석자는 본문의 내용을 자국어로 표현하는 것과 각 번역성경이 가진 서로 다른 통찰력을 조화시키는 데 도움을 얻을 수 있다.

제9단계 : 주석책의 참고

주석책에 대한 논의를 지금까지 연기해 왔다. 주석책이 첫 번째 책이 되어서는 절대로 안 된다. 물론 주석책을 올바로 사용하면 가치 있는 도구가 될 수 있다. 그러나 주석책이 연구자 자신의 해석하는 능력을 발전시키는 데 방해가 될 수 있다.

주석책마다 장점과 단점을 가지고 있기 때문에 해석자들이 자신이 목적하는 바에 따라서 주석책을 선택하면 된다.

성경 해석을 하는 작업에 있어서 주석책들의 기본 역할은 연구자가 편리하고 쉽게 그 자신이 발견한 것을 검토하게 하는 방법에 있다. 만약에 연구자가 제1단계부터 8단계까지의 작업을 통해서 얻은 결론이 주석가들의 결론과 매우 차이가 난다면 연구자는 자신의 연구를 다시 한번 면밀히 검토해 볼 필요가 있다. 이러한 과정이 끝나면 연구자는 자신의 결론이 올바르고 주석가의 결론이 틀렸다고 결정할 수도 있다. 그러면 연구자는 주석가와 논쟁을 하게 되며 연구자는 자신의 해석이 해석학의 좋은 원리에 주석가가 사용한 원리보다 더 잘 조화가 됨을 알게 된다. 이러한 한 과정을 지날 때마다 연구자는 성경을 해석하는 데 괄목하게 성장한다.

주석책은 성경 본문을 설명하기 위한 추가적인 관주와 역사적 배경과 문화적 배경을 종종 제공하기도 한다. 혹은 주석책이 연구자를 자극하고 도움을 주는 신학적 통찰과 교리적인 통찰들을 주기도 한다.

어떤 면에서 보면 성경 전체에 대한 한 질로 된 주석을 사는 것보다 성경의 각 책에 대한 단권 주석을 구입하는 편이 더 좋다. 매년 평신도를 위해서 좋고 값싼 책이 출판되는 것은 매우 고무적인 일이다.

약간의 평신도 해석자(교사들)는 성경 전체에 대한 단권 주석을 갖기 좋아한다. 그래서 그들은 성경에 있는 어떤 구절이고 필요할 때 찾을 수 있게 한다. 단권으로 된 주석으로 좋은 것은 다음과 같다. *A New Commentary on the Holy Scriptures, Including the Apocrypha*** edited by Charles Gore, Henry Goudge, and Alfred Guillaume; *A Commentary on the Bible*** edited by Arthur S. Peake and Alexander

J. Grieve; *The New Bible Commentary* edited by F. Davidson, A. M. Stibbs and E. F. Kevan.

*The Layman's Bible Commentary****는 한 질로 된 주석서 가운데 가장 좋다. 학생들을 위한 *Cambridge Bible for Schools and Colleges****도 역시 좋다고 할 수 있다. 평신도를 위해서 계속 출판되고 있는 두 가지 주석서는 *Tyndale New Testament Commentaries***와 *Wycliffe Bible Commentary***이다.

제10단계 : "그때 그리고 거기서"의 의미

연구자는 이제 마지막에서 두 번째 단계에 해야 할 일 즉 본문의 "그때 그리고 거기서"의 의미를 파악할 준비가 되었다. 지금 단계에 왔으면 본문의 의미의 여러 가지 면이 해석자에게 분명해져야 한다. 첫째, 독자들은 이 본문에 있는 다음과 같은 의미를 확실히 보았다. 즉 예수님은 하늘의 음성에 의하여 하나님의 사랑하는 아들 독생자로 불리어지게 되었다는 것, 예수님은 변화되었고 바로 그 순간 그의 하늘의 영광을 보여주었다는 뜻, 엘리야와 모세가 나타나서 우리 주님이 구약성경과 관련이 있음을 나타낸 점, 몇 가지 이유로 인해서 이 계시가 한적한 곳에서 보여졌고 세 제자들만이 그 증인이라는 점, 그리고 사건 전체는 하나님께서 장막에 임재하시어 인간 가운데 계시던 방법과 예수님을 통하여 인간 세상에 놀라운 임재를 하신다는 점 등의 의미를 최초의 독자들은 보았다.

예수님은 그의 영광과 능력을 때때로 감추시기도 하고 나타내기도 하셔서 그를 따르는 사람들을 당황케 했다고 마가는 설명하고 있다. 그러므로 예수님의 제자들은 그들의 선생이 때때로 제자들 앞에서 신적인 능력과 영광을 소유하지 않았거나 사용하지 않는 것같이 보일 때라도 그들은 본문에서 자신들의 신앙을 계속 유지시키게 하는 도전을 발견할 수 있었던 것이다.

제11단계 : "지금 그리고 여기서"의 의미

지금 우리가 연구 중인 본문의 "지금 그리고 여기서"의 의미는 제10단계에서 밝혀낸 "그때 그리고 거기서"의 의미와 거의 동일하다. 현대 기독교인들은 제10단계에서 밝힌 교훈

하나하나를 다 배우는 것이 필요하다. 그리고 그들의 신앙은 그들이 그 교훈을 배우는 만큼 풍요해지고 강해질 것이다. 모든 해석자들은 본문이 나타낸 하나님의 의도한 뜻을 여러 가지로 적용할 수 있다.

제12단계 : 살아 있는 말씀

앞의 11단계들은 연구자들이 본 12단계에 이르도록 의도된 것이다. 즉 마지막 단계인 12단계는 연구자가 책 속에 구절로 있는 하나님의 말씀을 연구자의 일상생활과 삶 속에 "적용시키도록" 요구하고 있다. 앞에서 이루어진 11단계들을 거치지 않고 본 단계로 직접 들어서는 것은 연구자가 찾기를 원하는 진리나 교훈만을 성경에서 끌어내는 매우 위험한 모험이다. 합당한 해석학의 훈련은 연구자로 하여금 하나님께서 그 본문을 통하여 그에게 말씀하시는 내용을 매우 정확하고 성실하게 들을 수 있게 한다. 연구자가 찾는 진리는 그가 당면한 특별한 욕구나 문제에 의해서 흔히 형성되기도 하고 영향받기도 한다.

이 책에서 우리는 다음의 두 가지를 구분하여 왔다. 즉 하나님께서 의도하신 본문의 의미를 파악하고 정의하는 해석과, 본문의 의미와 진리를 현대의 개념으로 바꾸어서 적용하는 일이다. 더욱이 하나의 본문을 해석해서 얻어진 뜻은 하나 밖에 없으나 그 구절을 기반으로 한 적용은 여럿이 될 수 있음을 우리는 강조하였다.

제12단계는 하나님께서 가르치려고 의도하신 교훈 즉 해석을 되돌아봄으로써 시작된다. 예를 들어 변화산 사건이 있는 구절에서, 그 사건은 다음과 같은 의미를 보여준다. (1) 예수 그리스도에게서 하나님의 옛 계약의 약속이 성취됨. (2) 하나님의 아들이 소유한 신적인 영광. (3) 엘리야와 모세가 그곳에 출현함으로써 신·구약성경의 밀접한 관계를 보여줌. (4) 제자들이 그때 무엇이 발생하고 있는가를 이해하려고 노력하는 모습을 보여줌으로써, 제자들을 사로잡은 혼란을 나타내고 있다.

성경 연구자나 주일학교 교사가 이러한 진리를 파악한 후에는 그들의 삶과 가르침에 적용할 몇 가지 기본적인 내용을 꺼낼 수 있다. (1) 학생들로 하여금 예수님을 약속된 메시아로서 고백하게 하고 그에게 예배하도록 인도해야 한다. (2) 학생들로 하여금 구원에 대한 하나님의 계획이 성취되었음을 확신시킨다. 이러한 내용의 적용은 이 해석으로부터 자연히 흘러나오는 결과이다.

본문이 말하는 것에 직접 관계된 것과는 다를지 몰라도 이 본문을 연구하는 대부분의 연구자에게 몇 가지 더 적용할 일이 생각난다. 8절에 있는 "오직 예수만이"에 기초를 두어서 몇 사람들은 이 구절로 우리의 삶을 좀더 완전하게 예수를 위해 살아야 한다고 말한다. 예수님께서 제자들을 그 산 위에 머물지 못하게 하신 내용을 통하여, 본문을 연구하는 연구자들은 예수님과 그의 동료들을 섬기도록 격려를 얻는다. 제자들은 산에서 내려와야만 했고 그들의 동료들의 문제에 직면해야만 했었다. 이같이 암시된 적용들은 본문에 있는 여러 가지 가능성을 몰아내지 않는다.

학교에 다니는 어린이들은 이 본문에서 다른 적용을 찾을 것이다. 왜냐하면 그들의 요구들과 이해는 다르기 때문이다. 이와 같은 일이 다른 세대에도 똑같이 있다. 적용하는 데 이렇게 풍부한 것도 하나님께서 그분의 말씀 속에서 우리에게 주신 성령의 선물 중 한 부분이다. 성경에 있는 하나님의 말씀이 그 의미를 변하게 하지 않는 반면에 그 의미를 현대에 합당하게 할 수 있는 것은 살아 있는 적용의 노력, 즉 주일학교 교사들의 가장 높은 노력을 통하여 남아 있는 것이다.

복습문제

1. 성경 안에 있는 각 책의 저자, 쓰여진 이유, 쓰여진 장소, 쓰여진 때를 아는 것이 중요하다고 하는 이유가 무엇인가? 어떻게 초보 성경 연구자들이 이러한 지식을 얻을 수 있는가?

2. 다니엘 7장 9-14절이 산상변화의 내용을 해석하는 데 도움이 되는가? 만약 도움이 된다면 어떻게?

3. 왜 맥락이 성경 연구자들에게 기본적인 도구가 되는가?

4. 본문에 있는 어떤 표시가 바로 연결되는 맥락의 시작과 끝을 암시하는가?

5. 주석서를 어떻게 사용할 수 있는가?

6. 어떤 사람이 당신에게 어떤 현대 번역성경을 사용하여야 좋겠느냐고 자문을 구할 때, 당신은 그 사람에게 어떠한 의견을 주겠는가?

08장

해석자로서의 교사

훌륭한 교육은 교사가 통나무 이쪽 끝에 앉아 있고 학생은 그 반대편 끝에 앉아 있을 때 발생한다고 유명한 한 사상가가 묘사했다. 좋은 교육은 교사와 학생간의 관계와 한 인간으로서의 됨됨이에 좌우된다는 사실을 그 사상가는 교사에게 일깨워 준다.

주일학교 교사들이 흔히 실패하는 일 중에 하나는 그들이 가르치는 주제를 완전히 습득하지 못하는 것이다. 예수님께서 맹인이 맹인을 인도하지(가르치지) 못한다고 하셨다. 교사들은 하나님의 말씀을 다른 사람에게 가르치거나 전하기 전에 진리와 빛과 생명인 하나님의 말씀을 완전히 파악하고 소유해야만 한다. 본 장은 성경을 더 잘 가르치기 위하여 이 책에 있는 자료들을 효과적으로 사용하는 것을 도우려고 계획된 것이다.

성경 해석과 개인의 성장

특권과 당위성

하나님에 대한 우리의 지식은 현재 생(生)에서는 전혀 완전하지 못하고 하나님의 능력을 우리가 사용하는 것도 언제나 매우 제한되어 있다. 결과로 볼 때 기독교인도 비기독교인이 삶의 의미에 대하여 당황하는 것같이 때때로 당황한다. 그들도 역시 삶의 문제와 고통으로 인해서 종종 어려움을 당한다. 그러나 지식과 능력에 있어서 성장하길 바라는 기독교인들은 영적인 성장의 기본 요소가 성경 연구임을 안다. 기독교인들은 자신들의 신앙을 존경하라고 절대로 주장할 수 없음을 종종 볼 수 있다. 그 사실은 신앙이 성장하건 침체하건 똑같다. 신앙의 성장은 기도하는 마음과, 철저한 하나님의 말씀을 규칙적으로 연구하는 것과, 그 말씀의 생활화를 요구한다. 하나님께서 하나님 말씀에 떠는 사람들을 성령을 통하여 도와주리라고 약속하신 것을 기독교인들은 역시 안다. 성경 연구에 바친 시간과 노력은 교회학교 교사들에게 위대한 영적 이익을 제공한다. 그러나 교사는 성경에 대한 지식과 올바른 이해를 증진시키기 위하여 계속 노력하지 않으면 안 된다.

성경을 읽어야 하나, 해석해야 하나?

과거에는 많은 기독교인들을 위한 성경 연구가 주로 성경의 본문을 읽거나 지도자에 의해 선택된 개별적인 구절들에 대한 피상적인 주석을 읽는 정도였다. 근래에 와서 성경 연구 방법들이 매우 발전되어 있는 데도 모든 교회의 교육 지도자들은 현대 기독교인들도 그들의 성경을 매우 만족하게 사용하고 있지 못하다고 인정한다.

이 책의 목적은 기독교인이 성경을 단지 읽거나 듣는 사람이 되게 하는 것보다 성경의 연구자나 해석자가 되도록 돕는 데 있다. 해석자와 수동적인 청중 사이에는 매우 중요한 두 가지 차이가 있다. 해석자는 하나님이 무슨 말씀을 하시는지 스스로 찾으려고 노력하며, 훌륭한 해석자는 해석학의 좋은 원리를 지키고 따른다. 둘째, 연구자이며 교사인 해석자는 전해 주는 지식에 머무는 기독교인이 되기보다는 성경과 더불어 계속적으로 살고 성경과 가까이 살려고 한다. 그 결과로 이러한 삶이 그들에게 크나큰 영적 능력을 준다. 이 책에서 개괄적으로 취급한 성경의 이러한 방법의 연구는 성경을 규칙적으로 개인이 사용토록 유도하는 것이다.

유익하게 성경을 사용하려면 성령의 선물에 의존하여야 한다. 이 점은 이미 여러 번 강조하였다. 하나님의 깊은 경륜을 이해하시는 분은 바로 성령밖에 없으며(고전 2:6-13) 영적인 진리의 이러한 깊은 경륜을 우리에게 전달하여야만 하는 분도 바로 성령이다.

진심으로 구하고 찾고 두드리는 사람은 하나님의 영을 받고 또한 발견한다고, 다행히도 우리 구주께서 약속하셨다. 성경을 합당하게 사용하기 위해서는 이렇게 성령의 인도하심에 따르고 그 목소리에 청종하여야 하는 것이다. 기독교인이 성경을 기도하는 마음과 심사숙고하는 마음으로 연구할 때 하나님과 예수 그리스도의 영과 대화하고 상통하게 된다. 이와 같은 하나님과의 "대화"에서 성령은 구원의 놀라운 진리를 보게 하는 눈을 뜨게 하고 연구자가 가야 하는 길로 그를 인도한다.

세 가지 기본 단계

대부분의 성경 해석자들은 성령의 지도를 받는 성경 연구와 가르침은 세 가지 기본 행동 혹은 단계 즉 탐구, 숙고, 적용을 포함시켜야 하는 일에 동의한다.

탐구

탐구는 한 구절을 조심스럽게 연구하도록 한다. 이를 위해서는 3장에서 7장까지 설명된 방법들—모든 구체적인 곳에 언제나 필요한 것이 아닐지라도—이 도움이 될 것이다. 이 첫 번 단계의 목표는 본문이 말하는 사실을 찾아내는 것이다. 예를 들면, 이사야 50장 1절에 "나 여호와가 이같이 이르노라. 내가 너희 어미를 내어보낸 이혼서가 어디 있느냐. 내가 어느 채주에게 너희를 팔았느냐"고 했다. 이 구절을 읽는 독자는 본 구절이 쓰여진 자의적인 뜻은 하나님의 의도된 뜻이 아님을 곧 안다. 그러나 어떠한 경우에라도 연구자는 소매를 걷어 올리고 낱말들과 개념들의 뜻을 먼저 파악하고 본문의 맥락을 연구하며, 그것의 역사적인 배경 등을 연구하여야 된다.

숙고

둘째 단계에서 연구자는 "본문의 뜻이 무엇인가"라는 질문에 대답하려고 노력해야 한다. 성경 말씀에서 하나님께서 의도하신 의미를 어떻게 배울 수 있는가에 대하여 많은 시간이 소요되어야 한다. 이 의미, 진리, 하나님의 계시와 삶의 원리—복음—는 음절과 낱말의 소리 이상이며, 낱말 전체와 그 확실한 의미 이상이다. 이사야 50장 1절과 같은 구절이나 낱말의 의미를 결정함에 있어서는 깊은 명상이 필요하고 특별히 비판적인 사고와 반문이 요구된다. 의도된 의미를 "파악"하는 데는 하나님의 말씀의 일반적인 목적과 메시지, 이사야서의 목적을 다시 생각하며 맥락을 연구하고 문학적이고 역사적인 사실 등도 모두 고려해야 한다. 그리고 이 모든 것은 진리를 진실하게 알기를 열망하는 것이다.

성령이 인도하는 이와 같은 연구는 이사야 50장 1절을 연구하는 연구자로 하여금 이혼과 노예라는 구절이 상징적인 것임을 알게 인도한다. 그 구절은 다음과 같은 깊은 뜻을 가지고 있다. 즉 하나님의 백성들은 비참한 상황에 처해 있었다. 왜냐하면 어머니 이스라엘이 하나님께 충성치 못했기 때문에 그의 자녀들은 종으로 팔릴 수밖에 없었던 것이다. 그들의 하늘 아버지이신 주님은 이혼하기를 원하지 않으셨다. 그 구절은 하나님께서 인간적이고 육체적인 개념에서의 이혼과 노예를 뜻하신 것이 분명히 아니다.

적용

셋째 단계는 교사와 연구자에게 "이 본문이 현재 세계에 살고 있는 나와 다른 사람에게 무슨 의미가 있는가?"라고 묻게 한다. 이 단계에서도 역시 깊은 명상 또는 숙고가 필요하나 이전과는 다른 종류의 것이다. 그리고 순종(행함)과 경험(삶)에서의 행위를 요구한다.

하나님께서 나에게 무엇을 말씀하고 계신가? 내가 이것을 어떻게 내 삶에 적용할까? 이것이 오늘 삶에 대하여 무엇이라 말하고 있는가? 이것이 내가 속한 교회와 세상에 무슨 사명과 응답을 요구하는가?

적용이라는 말의 의미에 있어 그것은 본문의 여러 가지 "의미"를 말할 수도 있고 그러한 표현은 때때로 넓은 의미에서 사용된다. 그러나 엄격하게 말해서 하나의 본문에는 하나님께서 의도하신 의미는 단 하나밖에 없다. 성경 연구자는 이와 같은 사실을 성경에서 하나님이 하시는 말씀이 무엇인지를 알려고 할 때 혼란을 피하기 위해서 명심해야 한다.

이사야 50장 1절을 연구하는 사람은 이 구절에다 몇 가지 서로 다른 것을 적용시킬 수도 있다. 그럴 때 이 구절은 그로 하여금 하나님께 자주 반항하는 자신의 모습을 발견하게 하여 그를 슬픔에 잠기게 할 수도 있다. 또한 이 구절에 나오는 결혼이라는 상징적인 묘사를 통하여 그는 새 계약 안에 있는 그분의 "부인"과 "자녀들"과 또한 그 연구자 자신과 그리스도 안에 있는 모든 일들에 대한 하나님의 사랑과 신실하심을 다시 상기하게 될지도 모른다. 이 사실이 연구자를 감동시켜 계약의 하나님께 대한 더 위대한 사랑을 갖게 하고, 그 자신의 삶 속에 있는 죄와 더 큰 싸움을 벌이게 하고, 이스라엘의 이 하나님—그 자신의 하나님이기도 한—께 더 신실하게 복종하고 더 능동적으로 봉사케 할 수도 있다. 이러한 적용들이나 "의미들"은 적절하고 조심 있는 연구와 명상에서 흘러나온다. 그것들은 해석자의 공상에 본문에 제멋대로 맞추는 것이 아니다.

개인적인 의미에 대한 심리학

그러나 해석(본문이 무엇을 뜻하는가?)에서 적용(본문이 나에게 무슨 의미가 있는가?)에 까지 잇는 선(線)은 앞에서 설명된 바로 그대로 언제나 이루어지는 것이 아니다. 그 선은 연구자의 마음과 가슴을 언제나 지나가며, 이러한 요건들의 효과는 때로는 예측할 수가 없다. 몇 가지 다른 요소들이 실제로 작용하며 연구자가 본문에서 발견할 수도 있는 개인적인 의미 혹은 적용에 영향을 준다. 이러한 요소들은 연구자가 본문에서 끌어내는 해석이나 하나님이 의도하신 의미에 영향을 줄 수도 있다.

첫째, 모든 사람들이 때때로 인정하기가 어렵고 제거하기 힘든 선입견, 전제, 편견의 문제들을 가지고 있다. 많은 사람들은 인간으로서의 존엄성과 자유에서 솟아 나오는 삶을 성취할 책임이 있다는 선입견을 가지고 있다. 이러한 선입견은 예수 그리스도 안에서 하나님이 은혜로 주시는 선물인 구원에 대해 말하는 본문을 올바로 해석하는 데(그리고 역시 올바로 적용하는 데) 방해가 된다. 이와 같은 잘못된 전제를 가지고 있는 사람은 흔히 은혜를 다음과 같이 정의한다. 즉 은혜는 자신을 구원하려고 열심히 일하는 사람에게 하나님께서 주신 특별한 영적인 도움이라 한다.

전제들과 해석학적 체계

해석자가 가진 철학적 전제들을 이러한 관계에서 취급할 만하다. 사전에서는 전제를 "하나의 선행된 논리적 조건"이라고 정의한다. 예를 들면, 두 사람 간의 대화는 전제—선행된 논리적 조건—에 기반을 두고 있다. 즉 그 전제는 그들이 대략 같은 방법으로 사용하는 언어를 둘이 동시에 이해하여야 한다는 것이다.

성경 해석을 취급하는 본 책은 몇 가지 중요한 전제에 기반을 두고 있다. 이러한 "선행된 논리적 조건"은 다음과 같은 믿음이다. 하나님은 자신의 생명을 주는 말씀으로 인간과 대화하시는 인격적인 분이시라는 믿음, 그리고 성경은 영감으로 쓰여졌으며 무오하여 모순되는 점이 없다는 믿음, 하나님께서 세상을 창조하셨고 지금도 보존하고 계시다는 믿음, 그리고 기적은 일어날 수 있다는 등의 믿음을 전제한다. 이 전제들 모두가 언어적인 면에서 볼 때는 "논리적"이 아니다. 그러나 그것들은 성경을 해석하는 데 결정적인 영향을 끼치는 선행된 조건들이다.

현재 기독교 내에서 야기된 많은 혼란은 인간의 전제가—그가 사용하는 방법이 끼치는 것만큼—그의 해석에 어떻게 영향을 주는지를 알지 못하는 데서 나타난 것이다. 성경은 히브리 민족의 종교적인 노력에 대한 인간적인 기록일 뿐이라고 많은 해석자들이 가정한다. 혹은 그들은 기적—성육신과 부활을 포함한—이 일어날 수 없다고 생각한다. 확실히 후자 집단의 해석학적 결론은 성경을 문자적으로 해석하는 사람들의 전제를 받아들이는 사람들의 결론과는 상이하다.

다른 말로 하면, 두 학자가 같은 기본적인 방법들 혹은 해석의 기술을 사용하나 다른 결론에 이르게 되는 것이다. 왜냐하면 서로 다른 전제들을 가지고 있기 때문이다. 그 문제는 방법론적인 데만 꼭 있는 것은 아니다. 그러므로 해석자가 역사비평 혹은 양식비평 등의 방법을 사용한다는 것만으로 성경 해석자를 비판하고 정죄하는 것은 현명치 않다. 현대의 양식비평의 만족스럽지 못한 결론은—그 방법 자체는 완벽히 합당할지 모르나—그 잘못된 전제가 원인인 것이다.

둘째로 명심해야 할 것은, 일반적으로 성경 연구자는 눈앞의 상황과 자신에게 급박히 요구되는 것에 대하여 말하는 적용만을 찾게 된다는 점이다. 연구자가 개인적으로 감정적으로 연루될 때만 진정한 이해와 배움이 나타나게 된다. 연구자의 감정적인 연루는 하나님의 뜻을 더 완전히 이해하려는 요구와 같은 것이다. 이 요구는 성경 연구의 기반이다. 그러나 개인적인 요구는 흔히 방향이 잘못된 해석이나 적용을 만들 수 있다. 재정적인 어려움이 있는 아버지는 본능적으로 합당한 적용을 찾을 것이다. 그리고 아마도 그를 돕는 해석을 만나게 될 것이다. 직업 선택을 앞에 둔 십대 소년은 재정적인 어려움을 가진 아버지의 적용과 다른 적용을 찾을 것이다.

개인적인 요구에 대하여 말하는 적용은 기억되기 매우 쉽다. 그리고 뜻있는 적용은 성경 연구에 흥미를 더하게 한다. 그러나 이러한 개인적인 사용에 말려들면 쉽게 오용될 수 있다.

성경을 매우 주관적으로 사용하는 한 가지 예는 눈 감고 성경을 아무 곳이나 펴고 같은 방법으로 한 절을 짚어서 그 구절의 해석과 적용을 그 날의 모든 결정에 사용하는 것이다. 이와 같은 것과 유사한 방법은 소위 "한쪽 눈 해석"이다. 이런 방법은, 독자가 편견을 가지고 성경의 한 구절을 택하고 그에게 의미 있는 구절을 찾은 후 성경을 덮고 나서 하나님이 그에게 특별한 메시지를 주셨다고 믿고 자기가 뜻한 대로 가는 것이다.

그 진리, 전체적인 진리 그리고 단 하나의…

만약 개인적이고 감정적이고 철학적인 이 모든 요소들이 성경 해석에 영향을 끼친다면, 우리가 어떻게 그 의미를, 전체적인 의미를, 그리고 그 의미만을 이해했다고 확신할 수 있는가? 이것이 본 책이 언급한 실제적인 질문이다.

이러한 개인적이고 감정적인 요소들—그것들이 정상적이고 합당한 것이라면—이 성경 해석의 실제적인 부분임을 우리는 기억해야만 한다. 제3장부터 6장까지에서 논의된 원리들과 기술들은 주관적으로 잘못 해석된 것을 최소한으로 줄이려고 구성된 것임을 알아야 한다.

한 본문이 본래 독자에게 뜻한바("그때 그리고 거기서"의 의미)를 가능한 대로 정확하게 결정하는 것이 중요함도 역시 명심해야 한다. 이것은 다른 자료에서 얻은 의미를 성경 본문에 첨가시키는 잘못을 막는 데 도움이 된다. 마지막으로 우리는 성경의 내용에 몰두해야만 하고, 성경 내용의 중심된 메시지를 파악해야 하며, 우리의 친구 크리스천들과 의논해야 하고, 기독교 성경학자들과 그들의 주석서를 참고해야 한다.

성경 해석과 실제 교육

본 과정은 두 가지 목적을 염두에 두고 마련하였다. 첫째 목적은 독자로 하여금 성경 해석의 개인적인 기술을 개발토록 돕는 데 있다. 둘째 목적은 독자로 하여금 성경 해석 전문가가 어떻게 작업하는지를 이해하게 하고, 성경 해석 전문가가 그들의 결론에 어떻게 이르는지를 이해하도록 돕는 데 있다. 이 목적들이 제한된 범위 내에서 성취되더라도 교회학교 교사들로 하여금 성경 연구의 모든 중요한 과제가 어떻게 이루어지는지를 알게 하는 것이 매우 가치 있는 일이다. 성경 해석에 관한 지식을 개인적으로 어느 정도 가지고 있으면 교사들은 교사 지침서나 주석에 의존하는 데서 자유로워질 수 있다. 그들은 다른 사람의 의견과 차이가 있음을 때때로 알게 된다. 깊은 개인적인 확신을 가지고 증거하며 가르치는 데서 성령의 능력과 자유가 온다.

성경 해석의 개인적인 기술의 발전은 교사에게 자신감을 괄목할 만하게 더해 줄 것이다. "내가 교사 지침서에서 읽어보니 이것이 하나님이 말씀하시는 뜻이다"와 "이것이 내가 내 개인적인 성경 연구 결과 얻은 하나님의 말씀의 진리이다"라고 말하는 둘 사이에는 큰 차이가 있다. 학생들이 곧 그 차이를 알아차릴 것이다.

개인적인 연구에 의하여 얻어진 확신은 창의성의 차원을 더해 준다. 그리고 이 확신은 평범한 교사와 훌륭한 교사간의 차이를 만들어 낸다. 옛길을 따라가는 곳에 모험해야 할 새 통로와 새 길이 있을 것이다. “그러나 그런 것은 전에 다 들었어요”라고 한탄하는 교회학교 학생들의 소리가 전보다 덜 들릴 것이다. 질문이 두렵기보다는 그것을 환영할 것이며 그리고 교사들이 학생들에게 오히려 질문을 하여 학생들 스스로 그 대답을 찾도록 할 것이다.

성경 연구자인 교사는 교과서나 인간의 권위보다 하나님 말씀의 위대한 권위를 가지고 가르친다. 이와 같은 교사는 어떤 질문들에 관하여는 겸손하며 밝게 “나는 잘 모르겠는데요”라고 대답할 수 있다. 이 대답이 성경적 의미에 관한 질문에 대해 성경학자가 줄 수 있는 가장 정직한 대답이라고 칼빈이 말한 것은 옳다. 이 점을 우리는 배워야 한다.

평신도가 성경 연구자가 되기를 바라는 것이 매우 이상적인 일인가? 한 과를 혼자 연구하여 준비하는 데 여러 시간 걸리지 않겠는가? 이 두 질문에 대한 대답은 확실히 “그렇다”이다. 그러나 이렇게 좋은 가르침이 불가능하다고 거부되기 전에 몇 가지 사실들을 알 필요가 있다. 교회학교의 모든 교사들은 하나님의 말씀을 가르치고 설명하도록 소명받았다. 교회의 모든 교사들(목사들), 전문가, 평신도나 모두가 조심스럽고 조직적인 준비를 하도록 고차적이고 성스러운 소명을 받았다. 성경을 해석하는 데 시간을 할애하면 개인적인 생활뿐 아니라 가르치는 일에도 많은 유익을 얻는다는 확신을 교사는 가질 수 있다.

교사가 성경 연구에 몰두하고 합당하며 생산적인 해석학적 원리들을 사용할 때 교사는 기독교적 은혜와 지식(벧후 3:18) 안에서 성장한다. 교사가 성경 안에서 그 자신과 하나님의 교회와 세상을 위한 하나님의 위대한 계획을 봄으로써 그는 자기가 하나님의 말씀과 성령의 살아 있는 도구로서 더욱더 활동적이 되어감을 발견하게 된다.

"이러한 하나님의 말씀 안에 있는 존재"는 전파성(傳播性)이 있다. 그래서 학생들이 교사가 전하는 것을 습득한다. 학생들은 교사가 개인적 확신을 가지고 가르칠 때 단지 수동적으로(지적으로) 진리들(죽은 전통)에 동의할 수 없게 될 것이다. 그들 역시 하나님의 성령이 말씀하시는 심성과 마음과 삶을 발견하고 교사가 신앙으로 하나님을 받아들인 것처럼 그들도 하나님에 의해서 변화됨을 알게 된다.

교회학교에 있는 상급생들에게 성경 해석의 원리 중 몇을 잘 설명한다면 그들도 역시 개인적인 성경 연구의 복을 경험할 수 있게 될 것이다. 이와 같은 교육은 생명의 말씀인 예수 그리스도의 복음을 필요로 하고 있고, 언제나 절망적인 이 세상에서 하나님을 위한 위대한 시도를 할 기독교 지도자의 한 세대를 창조하도록 돕는다.

요 약

본 장에서는 개인으로서의 교사, 그의 개인적인 신앙과 생활, 그리고 그의 교육 사이에 언제나 존재하는 불가결한 관계를 지적하였다. 성경 연구와 해석은, 교실 안팎에서의 성령이 인도하고 성령이 힘을 주시는 삶의 기본적인 열쇠이다. 건전한 성경 연구는 성경을 단순히 읽는 것만을 요구하는 것이 아니라 해석의 좋은 원리들과 방법들을 사용하도록 요구한다.

성경 해석의 세 가지 과제는 탐구, 숙고, 적용이다. 해석학적 원리의 조심스러운 사용은 독자로 하여금 본문의 참 의미를 발견케 하도록 돕고, 본문에 없는 의미를 잡아넣는 일에서 그를 지켜줄 것이다. 이러한 종류의 성경 연구에 대한 숙달은 교사들에게 큰 확신을 주며, 교사가 하나님 말씀의 권위를 가지고 그들의 학생을 만나게 도와주고 기독교 신앙을 더 진실되고 전적으로 믿고 살도록 북돋아 준다.

복습문제

1. 성경 해석자와 성경을 읽는 사람 간에 있는 상이점에 대하여 논평하라.

2. 성경 해석에 있어서 세 가지 기본 과제들 하나하나의 목적을 요약하라.

3. 성경 연구에 있어서 성령의 인도하심이 얼마나 중요한가?

4. 전제란 무엇인가 설명하라. 해석학의 원리인 전제들과 성경 구절의 실제적인 해석 사이에 무슨 관계가 있는가?

5. 막 5:1-20; 마 28:1이하; 창 1장을 해석하는 데 전제가 어떠한 영향을 미치는지 설명하라.

6. 성경에 있는 한 부분의 "그 의미" "전체 의미" "단 하나의 의미"를 당신이 파악하기 위해서는 어떤 단계를 거쳐야 하는가?

성경해석학

초 판 발행 / 1983년 12월 25일
개정판 발행 / 2007년 8월 31일

지은이 / 허버트 T. 마이어
옮긴이 / 엄 현 섭

발행인 / 엄 현 섭
발행소 / 도서출판 컨콜디아사
(기독교 한국 루터교 총회 출판홍보팀)
서울 용산구 후암동 446-11 루터교센터
(전화)02)3789-7452~3 (팩스)02)3789-7457
등록 / 1959년 8월 11일(제3-45호)

인 쇄 / 보광문화사(02-854-6501)
제 책 / 과성제책(031-902-4323)

값 6,500원
ISBN 978-89-391-0125-8